基于产业升级的高职专业设置优化与人才培养

罗 奇◎著

吉林出版集团股份有限公司
全国百佳图书出版单位

图书在版编目（CIP）数据

基于产业升级的高职专业设置优化与人才培养 / 罗
奇著. — 长春 : 吉林出版集团股份有限公司, 2024.4
　　ISBN 978-7-5731-4899-5

　　Ⅰ. ①基… Ⅱ. ①罗… Ⅲ. ①高等职业教育—专业设
置—研究—中国 Ⅳ. ①G718.5

中国国家版本馆CIP数据核字(2024)第084621号

JIYU CHANYE SHENGJI DE GAOZHI ZHUANYE SHEZHI YOUHUA YU RENCAI PEIYANG

基于产业升级的高职专业设置优化与人才培养

著　　者：罗　奇
责任编辑：盛　楠
出　　版：吉林出版集团股份有限公司
发　　行：吉林出版集团青少年书刊发行有限公司
地　　址：吉林省长春市福祉大路5788号
邮政编码：130118
电　　话：0431-81629808
印　　刷：廊坊市海涛印刷有限公司
版　　次：2024年4月第1版
印　　次：2025年1月第1次印刷
开　　本：710 mm × 1000 mm　　　1/16
印　　张：12.75
字　　数：206千字
书　　号：ISBN 978-7-5731-4899-5
定　　价：78.00元

前　　言

　　职业院校是国家培养实干型人才的重要基地，为许多行业提供了必不可少的人才，在产业全面升级的大背景下，原本的高职专业设置需要优化，相应的人才培养方案也要随之调整，这是当前教育界的热门话题，也是教育发展的未来。

　　当前，我国的中职、高职与本科教育始终沿用改革开放以来的思路，在理论知识教学方面有着突出成果，但是在应用型人才培养方面还存在明显不足，而当今国际社会需要的却正是综合型、应用型高素质人才，所以我国需要从产业升级变化的具体内容入手，以教育行业的历史发展为依据，对现代职业院校专业设置和人才培养进行必要改变。

　　本书共分九章。第一章是对本书的两大论述核心——专业结构与产业升级之间的关联性进行分析，充分说明了产业升级给专业设置带来的必然影响，令全书表述有理有据；第二章是对当前我国职业院校专业设置情况的简单分析，以产业升级为大背景，着眼于数字化时代专业设置的变动情况；第三章为对过往经验的借鉴，借用我国以往的专业设置变化过程认知现如今的职业教育中的缺陷与优势，令专业结构所需要的调整清晰可见；第四章详细分析了专业设置优化过程中所面临的阻力，对专业设置的本体缺陷、关系问题与动力缺失等问题进行了鞭辟入里的分析，致力于发现问题并解决问题；第五章将眼光放在了古今中外，用许多教育改革经验帮助当代专业设置更进一步，针对一些问题提出了具有实用价值的解决方案；第六章强调了教育的本质——以人为本，无论专业设置变化还是教育改革，其目的都在于帮助学习者更好地将学到的知识转化为能够用到的能力，这才是最重要的，因此本章用"最近发展区"与"多元智能"理论作为论述重点，强调了学生才是一切教学活动的中心；第七章到第九章探讨了产业升级背景下专业设置优化的几大教学优化思路，包括成果导向教育、能力培养教育和分类分层教育等，提出了多种教育理念在教学过程中发挥的重要作用，并在最后探讨了人才培养过程中应如何管理，对相关管理与服务体系进行深入分析，并且以湖南信息职业技术学院计算机网络技术专业的教学目标和教学资源利用情况等信息为例，提出了更好地培养当代高素质人才的方式方法。

以专业设置优化为表象、人才培养模式为核心的教育改革与产业变化升级之间联系紧密，必须结合起来加以研究。本书力求做到这一点，因此，不仅论述了我国各时期职业教育改革的内容及其带来的思考，而且还充分结合了我国产业的变迁情况，将现代教育和当前产业紧密联系在一起，极大地提升了本书的应用价值。

希望本书的研究能够为我国职业院校专业设置优化和人才培养的工作做出一些贡献。

罗　奇

2023年5月于长沙

目　　录

第一章　专业结构与产业升级的内在关联

第一节　产业与产业结构

一、产业结构

（一）产业的概念

在石器时代[①]，人类以采集、狩猎为生，原始群体共同劳动，没有社会分工，也就没有不同的生产部门，产业也就无从谈起。在英文中，产业、工业、行业都可以称为industry，而我们所研究的产业，是指国民经济中以社会分工为基础，在产品和劳务的生产和经营上具有某些相同特征的企业或单位及其活动的集合，简单地说，产业是指具有某些共同特征的企业集合，如工业、农业、商业服务、邮电服务、教育服务等。每个小的集合体都必然属于相应的一个大的集合体。

（二）产业结构的概念

产业结构的别名是国民经济部门结构，指的是国民经济部门和其他部门的结构总和，基于社会的一般分工与特殊分工产生，各部门的作用不同，发挥出的价值和比重也各有异同，对国家经济贡献相差甚远，因此对产业结构的划分根据其具体特征界定。

---

①石器时代，是考古学上人类历史的最初阶段，为考古学上的术语。分为旧石器时代与新石器时代。历时二三百万年，以石器为主要劳动工具。

二、产业分类

（一）我国产业分类

我国的三次产业划分如下：

1. 第一产业

第一产业指农业、林业、牧业和渔业。

2. 第二产业

第二产业指采矿业、制造业、电力、燃气及水的生产和供应业、建筑业，产业革命往往是由于制造业的革命引发的一场三次产业的全面变革。

3. 第三产业

第三产业指除第一、第二产业以外的其他各业，根据我国的实际情况，第三产业一般包括交通运输业、批发和零售商业、金融保险、不动产业、生产和生活服务业、科学研究、文化教育、卫生保健以及公共行政和国防等。

（二）标准分类法

标准分类法分为以下两种：

1. 国家标准分类法[①]

国家标准分类法是国家根据本国实际情况而划分的产业类别，与国际产业分类相比权威性不足，因此大多数情况下以国际产业分类为标准分类。

2. 国际标准分类法[②]

为使不同国家的统计数据具有可比性，联合国于1971年编制和颁布了

---

①国家标准分类法是指一国（或一地）政府为了统一该国（或该地）产业经济研究的统计和分析口径，以便科学地制定产业政策和对国民经济进行宏观管理，并根据该国（或该地）的实际而制定和颁布的划分产业的一种国家标准。

②国际标准分类法（ICS）是国际标准化组织（ISO）于1992年编制的标准文献的专用分类法。该分类法根据标准的特点，以专业划分为主设置类目，是一种等级制的分类方法，主要用于国际标准、区域标准、国家标准及其他标准文献的分类。它的推广应用有利于标准文献分类的协调统一，从而促进标准文献的交换与传播，已在国际、区域标准化组织和世界各国得到广泛应用。国际标准分类法采用数字编号。第一级和第三级采用双位数，第二级采用三位数表示，各级分类号之间以实圆点相隔。ICS一些二级类和三级类类名下设有范畴注释和/或指引注释。一般来说，范畴注释列出某特定二级类和三级类所覆盖的主题或给出其定义；指引注释指出某一特定二级类或三级类的主题与其他类目的相关性。

《全部经济活动的国际标准产业分类》（ISIC），现在通行的是联合国统计司编制并推荐的《全部经济活动的国际标准产业分类》（2006年修订，ISIC Rev.4）。ISIC Rev.4将全部经济活动划分为21个门类，包括99个行业类别，这21个门类为：A农业、林业及渔业；B采矿和采石；C制造业；D电、煤气、蒸汽和空调的供应；E供水、污水处理、废物管理和补救活动；F建筑业；G批发和零售业、汽车和摩托车的修理；H运输和储存；I食宿服务活动；J信息和通信：K金融和保险活动；L房地产活动；M专业、科学和技术活动；N行政和辅助活动；O公共管理与国防、强制性社会保障；P教育；Q人体健康和社会工作活动；R艺术、娱乐和文娱活动；S其他服务活动；T家庭作为雇主的活动，家庭自用、未加区分的物品生产和服务活动；U国际组织和机构的活动。

许多国家都有自己的国家标准分类法。我国编制和颁发的《国民经济行业分类》就是参照《全部经济活动的国际标准产业分类》而制定的，因此产业划分与经济合作与发展组织（简称经合组织，OECD）在内的大多数国家基本一致。

三、中国国家标准分类

根据国务院决定，我国于 1982 年进行了第三次全国人口普查，这次普查工作从1979年年底着手准备，1982年7月1日开始全面登记，为满足第三次全国人口普查工作的需要，国家统计局从1980年开始，经过两年调查研究，结合我国当时经济社会发展的特点，在联合国《全部经济活动的国际标准产业分类》的基础上，于1982年制定了《国民经济行业分类标准》，为便于数据加工处理和分析，该标准首次引用了三位数字的行业代码，共分15个大类、62个中类、222个小类，该标准的建立为第三次全国人口普查资料的开发利用和国家关于人口政策的制定起到了非常重要的作用。由于当时我国的标准化管理法律法规上的缺失，该标准没有以国家标准形式发布，因此全社会的行业分类并没有统一按照该标准执行，但为以后的《国民经济行业分类》正式出台打下了良好的基础。第三次全国人口普查之后，国家统计局会同国家标准局等部委按照经济活动的同一性划分行业的原则，参照联合国

《全部经济活动的国际标准产业分类》（1989年版），对1982版的《国民经济行业分类》进行了修订和完善，于1984年12月1日正式发布了国家标准版《国民经济行业分类和代码》（GB 4754—84），并于1985年1月1日起实施。《国民经济行业分类和代码》（GB 4754—84）将经济活动单位按照活动性质划分为13个门类、75个大类、310个中类、668个小类，门类用罗马数字表示，大、中、小类用4位阿拉伯数字表示。其中，前2位代表大类，前3位代表中类，4位代表小类，13个门类如下：Ⅰ农、林、牧、渔、水利业；Ⅱ工业；Ⅲ地质普查和勘探；Ⅳ建筑业；Ⅴ交通运输业，邮电通信业；Ⅵ商业、公共饮食业，物资供应和仓储业；Ⅶ房地产管理、公用事业、居民服务和咨询服务业；Ⅷ卫生、体育和社会福利事业；Ⅸ教育、文化艺术和广播电视业；Ⅹ科学研究和综合技术服务业；Ⅺ金融、保险业；Ⅻ国家机关、政党机关和社会团体；ⅩⅢ其他行业。

经过10多年的改革开放，我国经济结构调整步伐加快，新兴行业不断出现。金融保险、信息咨询、旅游等现代服务业快速发展，工业经济结构升级显著——由技术含量低、劳动密集程度高、门类单一的结构，向劳动密集、技术密集、门类齐全的格局发展转变。为此，在1994年，国家统计局和国家技术监督局根据我国经济发展的实际，在调查研究和广泛征求意见的基础上，完成了对《国民经济行业分类与代码》（GB 4754—84）的第一次修订，于同年8月正式发布了《国民经济行业分类与代码》（GB/T 4754—94）。该标准与原标准相比，门类从13个增加到 16 个，大类从75个增加到92个，中类从310个增加到368个，小类从668个增加到846个。

1995—2002年，我国国民经济以年均 8.7%的幅度增长，产业结构升级明显，新兴产业不断涌现，商务经济、电子信息、生物工程、航空航天、医药制造、新能源和新材料等高新技术产业蓬勃发展，2001年我国加入世界贸易组织（WTO），面对加入WTO的机遇和挑战，以及国内外形势的变化，急需一部更加完善、与我国经济发展相适应、与国际标准接轨的《国民经济行业分类》国家标准，为此在《国民经济行业分类与代码》（GB/T 4754—94）使用了8年之后，国家统计局着手对该标准进行再一次修订，于2002年10月经国家质量监督检验检疫总局（下文简称国家质检总局）批准正式发布实施《国民经济行业分类》（GB/T 4754—2002）。该标准共设20个门类、95个大类、395个中类、912个小类，与GB/T 4754—94相比，门类大类增加3个，中类增加27个，小类增加66个。

2002—2010年，我国国民经济以年均10.9％的速度高速增长，新兴产业如雨后春笋层出不穷。面对2013年即将开展的大规模的第三次全国经济普查，国家统计局组织对《国民经济行业分类》进行了第三次修订，2011年4月，国家质检总局和国家标准化管理委员会批准了由国家统计局修订的国家标准《国民经济行业分类》[①]（GB/T 4754—2011）。该标准对GB/T 4754—2002部分大类、中类、小类的条目、名称和范围做了调整，涉及变化的行业门类有：①农、林、牧、渔业；②制造业；③信息传输、软件和信息技术服务业；④科学研究和技术服务业；⑤居民服务、修理和其他服务业；⑥卫生和社会工作；⑦公共管理、社会保障和社会组织。2017年该标准进行了第四次修订，此次修订保留了GB/T 4754—2011的主要内容，对个别大类及若干中类、小类的条目、名称和范围进行了调整。

现行《国民经济行业分类》（GB/T 4754—2017）于2017年6月30日由国家质检总局和国家标准委联合发布，并于2017年10月1日起实施。考虑到2018年《中华人民共和国宪法修正案》在"国家机构"中增设了监察委员会，为满足标准的时效性，国家标准委于2019年3月发布并实施了国民经济行业分类第1号修改单并沿用至今。

分类采用经济活动的同质性原则划分，每个行业类别按照同一种经济活动的性质划分。分类共分为门类、大类、中类和小类4个层次，共包含门类20个、大类97个、中类473个和小类1 382个。每个类别都按层次编制了代码。门类用一个英文大写字母表示（如A、B、C、…）；大类用2位阿拉伯数字表示，中类用3位阿拉伯数字表示，前2位为大类代码，第3位为中类的本体码；小类用4位阿拉伯数字表示，前3位为中类代码，第4位为小类的本体码。

[①]《国民经济行业分类》国家标准于1984年首次发布，分别于1994年和2002年进行修订，2011年第三次修订，2017年第四次修订。该标准（GB/T 4754—2017）由国家统计局起草，国家质量监督检验检疫总局、国家标准化管理委员会批准发布，于2017年10月1日起实施。

四、人口、经济因素对产业结构的重要影响

（一）人口因素对产业结构的影响

随着经济的发展，人口增长率在下降，与经济发展同步产生的是劳动力质量的变化，而劳动力的质量在很大程度上是与劳动者的身体素质、文化素质等方面高度相关的，想要提高劳动力的平均素质，需要从人力资源下手，最有效的手段就是进行相关改革并加大在人力资源方面的经济投入。在实际生活中，产业结构方面的变化会带来直观的经济影响，更会导致区域性的人力资源需求变迁，会导致就业需求膨胀或者萎缩，许多摩擦性失业都来自偶发性的产业变化。当然，某方面的失业热潮也代表了其他领域的人才需求增加，在科技发展到一定程度、人力资源需求低于某种程度前，这样的平衡会始终维持。

当前，人口结构变化的重要趋势是老龄化社会的到来。我国从1979年开始全面实行计划生育，1982年定为基本国策，2001年颁布了《人口与计划生育法》。由于计划生育政策的实施，第四次全国人口普查时的人口平均增长率为12.8%，第五次全国人口普查时该数值为10.7%，第六次全国人口普查时该数值为5.7%，计划生育改变了我国人口结构，2012年我国劳动力总数出现了下降，2012年中国发展研究基金会发布的《中国人口形势的变化和人口政策调整》研究认为，2027年中国人口将转为负增长，不过根据2020年的第七次全国人口普查来看，我国人口增长率为5.4%，依然维持着人口增长趋势，只不过计划生育加速了中国社会老龄化的进程也是需要正视的问题。

（二）国际贸易对产业结构的影响

从总体上看，我国抓住了国际产业转移的有利时机，通过发展教育、发展简单劳动密集型产业，推动了经济高速增长，伴随着2008年的国际金融危机，我国劳动力成本持续上升，人民币地区升值、原材料和能源价格持续上升、出口退税率下调等因素使我国经济由出口导向型向内需拉动型转变，我国目前迫切需要转变经济发展方式和调整优化产业结构。

五、产业结构演变趋势

（一）工业内部各产业的结构变化趋势

工业主要可以分为轻工业、重工业，随着科技的不断发展，人们对生活的需求也在不断增加和提升，其他无法精准归于轻、重工业的类别也随之产生。

1. 轻工业发展阶段

早期的轻工业发源于欧洲，在不断对农产品进行加工和对纺织业进行革新的过程中，轻工业也得到了深化发展，以纺织业和农副产品加工业为起点，开启了现代轻工业的高速发展时期。

2. 重化工业发展阶段

重工业中最具有代表性的就是电力行业和冶金行业，同时金属加工制造与化工产业也是重工业不可或缺的组成部分，这些行业与轻工业相比会带来更高的经济利益，其中以冶金和化工业为代表，一方面产生了严重的资源消耗与环境污染，另一方面也极大地推动了工业发展并丰富了人们的物质生活。

3. 工业高加工发展阶段

工业高加工本质上并不是完全有别于轻工业和重工业之外的独立工业分支，其更多的是在重工业高速发展的后期阶段对技术和原材料等的更加高级的利用方式，这一阶段工业制造的显著特点是在工业加工基础上添加了极高的技术附加值，因此，可以将其理解为一种虽然材料价值无显著变化，但因技术和文化而被赋予更高的内在价值的重工业加工。也正是在这一阶段，工业产业和文化素质产生了更高的内在勾连性，工业高加工对技术设备的精密度和操作人员的素质提出了更高要求，相应设备的制造难度与精密度也有所提升，正因如此，深加工设备组装等在工业生产制造过程中的重要性不断上升，这也成为当前生产制造业的核心。

沃尔特·罗斯托（Walt Rostow）曾经提出了经典的"主导产业论"，他认为一个国家或具备某种共同发展规律的地区、经济团体的经济发展过程，能够在很大程度上从其主导产业的发展中看出来，反过来讲，其主导产业发展也会直观反映于经济产业变迁，每个国家的主导产业和经济发展都不尽相同，在不同时期对不同产业有着轻重各异的需求度，而后又有新的主导产业替代之前的主导产业。工业化先行国在工业化过程中出现的以主导产业为划分标志的各个阶段，基本上是按照时间顺序依次出现的，也就是说，主导产业是顺序更替的。

（二）农业内部各产业的结构变化趋势

从我国农业相关产业增长值变化可以看出，1978年，我国农、林、牧、渔业增加值比重分别为80.0%、3.4%、15.0%、1.6%；经过近40年的发展，2017年，农、林、牧、渔业和服务业增加值的比重分别为53.1%、4.6%、26.9%、10.6%、4.9%；而2021年，农、林、牧、渔业增长率分别为11.9%、-5.7%、11.2%、40.6%。农、林、牧、渔业结构日益协调合理，能够满足人民多样化、高质量的需求。

第二节　我国产业结构演变升级趋势

一、三次产业结构的变动及特点

（一）产出结构变动

改革开放以来我国三次产业结构变动情况具有以下特点：

1. 第一产业的国内生产总值（GDP）占比变化趋势

在改革开放初期，第一产业占全国GDP的比重约为30%，但到2017年已经下降到7.6%，于2020年维持在7.7%，虽然不再显著下降，但是与之前相比显著降低。需要特别指出的是，第一产业的比重在20世纪80年代中期以前呈上升趋势，这与当时在全国推广的家庭联产承包责任制极大地释放了农业生产力有关，到20世纪80年代中期后才开始下降，20世纪90年代以后，下降的趋势更加明显。

2. 第二产业的GDP占比变化趋势

第二产业在GDP中所占的比重呈现先下降后上升，然后又下降的趋势，但总的来看，变化幅度比较平稳。在GDP结构中，第二产业的比重从1980年的48.2%下降到1990年的41.3%，到2006年，再次回升到47.4%，此后处于下降状态，一直下降到2020的37.8%。从整体上看，第二产业始终在GDP结构中占据最重要的地位，自改革开放以来，第二产业在GDP中的比重在降低，但不如第一产业显著。

3. 第三产业的GDP占比变化趋势

第三产业占GDP的比重总体呈不断上升趋势，但2002年以来呈现缓慢下降的趋势。自改革开放到20世纪80年代前期，第三产业在GDP结构中所占比重一直没有发生太大的变化，而在1983年以后，第三产业的比重迅速上升，在1985年超过了第一产业。1995—1999年，第三产业增加较快，而在2000—2006年，第三产业发展相对稳定，2007年以来，第三产业的发展又加快，2012年，第三产业超过第二产业，到2020年，第三产业已经占据生产总值的54.5%，如今我国第三产业占比为53.3%，超过了国内生产总值的一半，其重要性显而易见。

（二）就业结构变动

从改革开放以来三次产业就业人数和组成结构的变化趋势中可以发现以下特点：

（1）三次产业劳动力投入的变动趋势与产业结构的变动趋势基本一致，第一产业的劳动力占总劳动力的比重自改革开放以后不断下降，从1978年的超过70.0%下降到2002年的50.0%，然后下降到2017年的27.0%；与此相对应，第二产业从1978年的17.3%提高到2012年的30.3%，而后下降到2017年的28.1%；第三产业的就业人员持续增加，从1978年的12.2%提升到2017年的44.9%，再到2021年的48.0%。

（2）虽然就业结构的变动趋势和产出结构的变动趋势一致，但在构成比例上，两者仍然有巨大的差异。同时，需要注意的是，我国第三产业吸纳的劳动力人数最多，已成为吸纳就业的主体。

（三）劳动生产率变动

改革开放以来，我国整体经济效率不断提高，全社会的劳动生产率持续上升，由1978年的908元/人增加为2017年的105 713元/人，至2020年增长为117 746元/人，同比增长率为2.38%，尤其是20世纪90年代以后，第二产业和第三产业的劳动生产率提高得很快，第一产业的劳动生产率进入21世纪以来也有了较快的提高。

与此同时，三次产业之间的劳动生产率差距不断扩大，但从2012年至今又趋于缩小。在20世纪90年代前，我国三次产业的劳动生产率与全社会劳动生产率几乎保持一致，即使存在细微差异但是不很明显，而第二产业和第三产业更是在以不甚明显的速度缩短距离。

　　在未考虑物价因素下，1981—1990年，农业劳动生产率年均增长率为10.69%；1991—2000年，年均增长率为12.29%；2001—2010年，年均增长率为13.35%；2011—2017年，年均增长率为10.75%。工业劳动生产率高于农业劳动生产率，且增速快于农业劳动生产率。20世纪90年代，第二产业劳动生产率是第一产业的13倍，进入21世纪后，农业劳动生产率有了大幅度提高，工业劳动生产率约为第一产业的7倍。改革开放之后40多年，第三产业劳动生产率年均增长率为11.45%，总体呈上升趋势，特别是20世纪90年代以来，增幅更大。

二、第一产业结构变迁与特质

　　三次产业的变化给我国的经济生态带来了较为显著的改变。比如，我国改革开放后的第一产业中的农业在GDP中的比重呈现下降趋势，而渔牧业有所上升，林业整体无显著变化。

　　从我国的经济情况来看，改革开放前的农业在国内生产总值中占据非常高的比重，尤其是在1978年之前，农业生产总值在我国第一产业总值中占据的比重高于80%，其他产业的总和不到其1/4，不过随着我国的不断发展，经济模式也发生了巨大变化，农业生产总值在国家经济比重中的重要性略微有所下降，而随着人均消费能力的增长，国民对肉蛋奶等食品的消费逐步增加，农业在第一产业中占据的比重也随之降低，直到2003年，其占比约为50%，正好与其他第一产业的总和持平。值得注意的是，这些年来，随着科学技术的发展，传统农业种植方法逐渐被更加高效、科学的方式取代，机械化生产和各种高质量农产品栽培令农业逐步进入现代化，在时代的浪潮中屹立不倒，为国家和人民提供了必不可少的支援。

　　改革开放以后，林业的绝对量也在不断增长，但是在第一产业中所占的比重变化不是太明显，最近几年增加较快。

1978年以后，牧业和渔业发展非常迅速。牧业在第一产业中的比重从1978年的约15%提升到2008年的35.49%（最高值），近几年有所下降；渔业从1978年的1.58%提高到2017年的10.59%。一般来讲，渔牧业在国内生产总值占比的提升代表了国家人均收入的上升，能够在肉类食品中消费的人数增加、消费能力提升，这才是行业发展的主要原因，而随着经济的高速发展，牧业和渔业在第一产业内部比重的迅速上升与国民收入的提高紧密相关。随着经济的快速发展和我国综合实力的上升，我国农副产品以及肉类、鱼类产品逐渐走出国门，从国际市场赚取经济利润，这同样是渔牧业得到发展的原因之一。

另外，值得一提的是，我国第一产业的结构变化持续时间并不算很长，在20世纪90年代前就已经基本结束，我国1980年之前的渔、牧、林业等全都有着较快、较大的变化，但是在这一时间点之后，这三个产业的变化幅度越来越小，并逐渐趋于稳定。

进入21世纪，农业内部结构相对稳定，农、林、牧、渔业结构变化不大，说明第一产业内部结构目前处于相对稳定的阶段。

三、第二产业结构变迁与特质

第二产业的发展过程也是工业结构不断调整、不断向着更加合理的方向改进的过程，由于工业主要可以分为轻、重工业，因此其调整过程也被分为4个阶段。

（1）第一阶段：我国第二产业发展的第一阶段是1978—1985年这一区间，由于技术的不成熟和设备等的普及难题，国家率先大力扶植发展轻工业以带动国家经济，这一时期，我国的轻工业和耐用消费品发展迅猛，轻工业在第二产业中占据的比重得到了较为显著的提升，从原本的43%上升了7个百分点。这一阶段是我国轻、重工业比重相对较为平衡的时期，轻工业的发展也从某种程度上令工业得到快速成长，还从侧面刺激了重工业中与农产品生产处理等相关的设备的制造，改变了轻、重工业比重的同时促进了两者的共同成长。

（2）第二阶段：我国第二产业发展的第二阶段从时间方面来看相对比

较短，从1985—1990年，在这一阶段内，得益于上个阶段的良好发展势头，轻工业得以继续快速发展，而且国家在政策上也在大力扶植轻工业，可以说这一时期是轻工业发展的风口期，其在1990年占据第二产业生产总值的一半，这也是少有的轻工业能够与重工业在经济效益方面持平的时期。

（3）第三阶段：第二产业的内部结构调整从1992年正式开始，在这一阶段，我国居民在家电等实用功能性用具方面的需求不断增加，重工业中的机电工业也以此为契机得到了前所未有的高速发展，而随着电视机、收音机等常见的家用电器的普及，许多相关的基础设施的大规模兴建也是可以预期的，原本受到种种限制而没有得到良好发展的基础设施制造业也借机蓬勃发展，得益于居民对家电等的消费，国家将更多资金投入基础设施建设中，令我国的经济发展进入了良性循环阶段。正是在这样的大背景下，我国1998年的重工业在第二产业生产总值中占据的比重已经高达60%，正式超越轻工业并且在之后始终保持稳定增长。

（4）第四阶段：工业发展的第四阶段起始于1999年，这一阶段的重工业依旧处于高速发展时期，我国工业的迅猛发展以重工业为车头，整体打开了局面，在短短3年后，重工业在第二产业生产总值中占据的比重再次显著提升，重新以明显优势压倒轻工业，两者从几乎等分第二产业生产总值的局面变成了重工业占据60%的比重，并且在下一个3年，重工业在第二产业占据的比重又提升了大约9个百分点，时至2020年，重工业在第二产业生产总值中的比重为77.1%，并且至今也没有回落趋势，可以说，在目前可见的未来中，重工业将持续占据第二产业中的极高比重。

四、我国产业结构面临的问题

现阶段我国经济产业结构还存在着一些问题与不足。

从三次产业结构来看，第三产业有了长足的发展，但其占GDP的比重仍然偏低。从就业结构的国际比较来看，同样表明我国第一、第二产业比重偏大，而第三产业比重偏小。改革开放以来，三大产业就业人员的比重由1978年的70.5：17.3：12.2调整为2017年的27.0：28.1：44.9，有了很大的变化，2021年更是达到了25.7：27.5：47.4，但仍未达到基本完成工业化时第一产业就业人员占总就业人教的比重降至20%以下的就业结构要求。

从三次产业内部结构来看，也存在一些不容忽视的问题。

（1）在农业方面：一是农业基础设施仍比较落后，尚未从根本上改变"靠天吃饭"的局面；二是我国农业产业化和规模化经营还处于起步阶段；三是产业选择上趋同，大宗农产品区域布局不合理；四是农业社会化服务体系不健全，农业投入的风险较大。

（2）在工业方面：一是生产结构不够合理，表现为低水平下的结构性、地区性生产过剩，也表现为企业生产的高消耗、高成本；二是产业组织结构不够合理，目前我国各类产业的一个普遍现象是分散程度较高，集中度较低；三是产业技术结构不够合理，自主创新能力不强，缺乏核心技术，缺少自主知识产权，缺少世界知名品牌，更多地依靠廉价劳动力的比较优势来换取效率的利益，成为低端产品的世界工厂。

（3）在服务业方面：一是服务业发展滞后，其增加值占GDP比重比中低收入国家的平均水平低十几个百分点，特别是现代服务业的数量和质量远远不能满足需求；二是从第三产业内部结构看，我国仍以传统的商业、服务业为主，一些基础性第三产业（如邮电、通信）和现代服务业及新兴服务业（如金融保险、信息、咨询、科技等）仍然发展不足。

第三节　高职教育专业结构变化趋势

改革开放以来，我国产业结构经历了4个阶段。

（1）第一阶段（1978—1984年）：农业产业迅速发展时期。这一时期产业结构变动的主要特点是第一产业在国内生产总值中所占的比重迅速上升，第二产业所占比重迅速下降。1978年，第一产业在国民生产总值中所占的比重约为28%，到1984年该比例就达到了32.2%，上升了4.2个百分点；与此同时，第二产业在国民生产总值中所占的比重则由1978年的48.2%下降到1984年的43%，下降了5.2个百分点；1978年第三产业在国内生产总值中所占比重为23.7%，到1984年上升到24.8%，仅仅上升了1.1个百分点。上述变化说明在这一时期所进行的农村和农业改革极大地解放了农业生产力，推动了第一产业的发展，使工农业比重不协调的状况得到了较大改善。

（2）第二阶段（1985—1992年）：非农产业迅速发展时期。这一时期第二、第三产业在国内生产总值中所占的比重迅速上升，第一产业所占比重迅速下降。1985年第一、第二、第三产业在国内生产总值中所占的比重分别约为31%、44%和25%，到1992年，该比重分别约为23%、48%和29%。这一阶段资源配置的最大特点是劳动力从第一产业大量转移到第二、第三产业，特别是推动了第三产业的发展。

（3）第三阶段（1993—2008年）：第二产业高速发展时期。从总体来看，这一时期的显著特点是基础设施（包括能源、交通和通信设施）迅速发展，第二产业的比重迅速上升。1993年，我国第一、第二、第三产业在国内生产总值中所占的比重分别为22.4%、48.3%、29.3%，到2008年，这一比重分别为10.3%、46.3%、42.9%。这一时期重工业比重显著增长，电力、钢铁、机械设备、汽车、造船、化工、电子、建材等工业成为国民经济增长的主要动力。

（4）第四阶段（2009年至今）：第三产业高速发展时期。2008年以来，国际金融危机爆发，世界经济整体进入低迷状态，我国制造业出口增幅下降，经济从外需带动型向内需拉动型转变，这一时期第三产业发展迅速，到2012年第三产业增加值比重超过了第二产业，三次产业的比重由2008年的10.3%、46.8%、42.9%、变为2017年的7.6%、40.5%、51.9%，最终变成了2020年的25.7%、27.5%、47.4%，第一产业增加值比例下降为不到10%。第三产业超过第二产业十多个百分点，我国三次产业结构发生了质的变化，产业结构变为了"三、二、一"，随着社会经济的不断发展，不仅中等职业教育学校布局发生了变化和调整，而且与社会经济发展变化联系紧密的专业结构的变化更为明显，突出表现在以下3个方面：

一、农林专业比重大幅度下降，受政策影响大

普通中专学校农林专业毕业生在全部毕业生中所占的比重，由1980年的10%以上下降到20世纪末的不足5%。从绝对数来看，普通中专学校毕业生从1985年的42.87万人发展到2000年的150.72万人，又发展到2022年的519.2万

人，而同期农林专业毕业生从3.12万人增加到7.13万人。进入21世纪，农林专业毕业生从2001年的9.9万人下降到2008年的4.2万人，并且在之后依然呈现下降趋势。

总体来看，改革开放以来，我国中等职业教育取得了长足发展，但农林专业却不断萎缩。2003年，中等职业学校在校生数量是1985年的2.66倍，而农林专业在校生数却减少了34.21%，使农林专业在校生比例从1985年的24.27%下降到2003年的4.40%。2003年，我国中等职业学校农科专业在校生数为46.79万人，占中等职业学校在校生总数（1256.8万人）的3.72%，高等教育农科专业在校生数为24.97万人，占高等教育在校生总数的2.25%，中等职业教育与高等教育农科专业在校生人数之比约为1.9：1，发展至2020年前后，该比重未得到显著改善，与农业劳动力和农业科技人员之比极不协调。

2009年，国家开始对中等职业教育涉农专业进行免学费政策，在一定程度上增强了农科专业的吸引力，2009年以来招生人数大增，但3年过后，由于毕业生就业通道不畅，农科专业招生人数和比重随着中等职业教育总体招生人数的减少而下降，2017年招生人数仅为2010年的24.7%，约减少了75%，远远高于总招生人数的下降比重（36.5%）。

二、第二产业专业比重低，且先上升而后下降

在21世纪，加工制造类和信息技术类专业比重不断提高：加工制造类专业比重的提高充分反映了我国作为制造业大国对技能型人才的需求不断增加；信息技术类专业比重的不断提高，说明我国信息化带动工业化和走新型工业化道路的发展战略在不断推进。需要指出的是，近年来，职业高中加工制造类专业的比重超过了中等专业学校，加工制造行业往往工作环境差、待遇低、劳动强度大，农村职业高中的办学比重较高，但农村的办学条件较差，尤其是开展工学结合、校企合作的条件不足，可以说农村职业学校设立加工制造类专业缺乏优势。职业高中信息技术专业的比重高于中等专业学校，一方面反映了农村职业学校办学条件较差，信息技术类专业投资少、容易办，另一方面也反映了农村职业学校面向城市办学的一面。从上述两个专业来看，我国中等职业教育仍存在城乡教育资源配置不合理的状况，需要逐

步优化和调整。

从不包括中等师范学校在内的中等技术学校来看，第三产业专业的招生比重从1979年以来，一直没有低于50%，即第一和第二产业的专业比重合计没有超过第三产业。职业高中与中等专业学校也表现出同样的规律。从中等专业学校、职业高中、技工学校和成人中专4类学校来看，第二产业的专业结构是不断提高的，这反映了我国工业化进程的不断加快，但从2008年开始，受国际金融危机的影响，我国制造业发展速度变缓，中等职业教育制造业和信息技术类专业比重下降。

三、第三产业专业比重不断提高，结构不断优化

总的来看，第三产业专业随着经济的发展比重在不断变大，但从内部结构来看，各专业变化也存在一定的差异。变化最大的是师范类专业。在20世纪80年代初，中等专业学校师范类专业约占中等专业学校专业的40%以上，经过近20年的发展，到20世纪末，该数值下降到15%左右，进入21世纪，随着2001年我国教师资格制度的全面实施，师范教育从三级变为两级，中等师范教育专业比重大幅度下降，而且专业也从普通师范教育转为学前教育专业。近些年，财经类、文体类、公共事业类和师范类专业比重在不断下降；商贸旅游类专业比重在缓慢增加；中等专业学校的医药卫生类专业比重在增加，而职业高中的医药卫生类专业比重在下降，总体趋势平稳。

21世纪以前，我国没有专门的职业高中专业目录，职业高中一直参照中等专业学校的专业目录进行专业设置，因此，导致了职业高中与中等专业学校专业设置的同构性。

总体来看，中等专业学校和职业高中近些年来专业结构变化不大、日趋稳定，说明经过多年的发展，我国中等职业学校的专业结构能够适应产业结构发展的要求，培养的人才能够满足社会经济发展的要求。从我国职业高中和中等专业学校的专业结构比较来看，除了职业高中农林类、信息技术类专业的比重比中等专业学校高，中等专业学校医药卫生类、工程类、师范类专业的比重高于职业高中外，其他八大类专业的比重基本接近，说明城乡职业教育专业结构没有反映出城乡经济社会发展的差异性，两者专业设置的特色不明显。

第二章　产业升级背景下职业教育专业设置变动

第一节　产业转型升级与专业结构调整

一、现代农业与职业教育专业调整

（一）我国农业生产经营的非职业性倾向

近些年来，伴随着城镇化与工业化的发展，我国农村出现了村庄"空心化"，务农劳动力老龄化，农业兼业化、副业化的现象，严重地影响了农业现代化建设的进程，进一步加剧了城乡发展的不平衡性，农业的比较效益不断下降。我国城乡居民收入比的情况为：1978年2.5∶1，1984年1.7∶1，1992年2.6∶1，2002年3.1∶1，2009年增加为3.33∶1，2010年下降为3.23∶1，2017年下降为2.71∶1，2022年下降为1.99∶1。

（二）新型职业农民培育

近年来关于"谁来种地"的问题引起了社会各界的广泛关注，解决这个问题的关键是提升农业的经营规模，要让农业经营取得良好的效益，让农民成为体面的职业，培养多种新型农业经营主体。2014年中共中央办公厅、国务院办公厅印发了《关于引导农村土地经营权有序流转发展农业适度规模经营的意见》，一方面对现阶段土地适度规模的标准提出了两个"相当于"，即土地经营规模相当于当地户均承包地面积的10—15倍，务农收入相当于当地第二、第三产业务工的收入，另一方面重点培育以家庭成员为主要劳动力、以农业为主要收入来源，从事专业化、集约化①农业生产的家庭农场，使其成为引领适度规模经营、发展现代农业的有生力量。该意见同时指出：各地要依据自然经济条件、农村劳动力转移情况、农业机械化水平等因素，研究确定本地区土地规模经营的适宜标准。例如，上海松江区确定家庭农场的平均耕种面积为100—150亩（1亩约为666.6平方米，下同），江苏省测算家庭农场粮食生产的最优规模在80—170亩。从实践来看，农业规模经营可取得良好效果。黑龙江省公布的数据显示，全省种植大户（家庭农场）通过规模经营拉动粮食增产8%左右，农机合作社拉动粮食增产15%左右，最高达到20%以上，说明适度规模经营可实现农业持续增产。

（三）农业职业教育专业设置适应性

2012年国家发布了中等职业学校"一免一助"政策，财政部、国家发展改革委、教育部、人力资源社会保障部联合下发了《关于扩大中等职业教育免学费政策范围进一步完善国家助学金制度的意见》，该意见指出：从2012年秋季学期起，对公办中等职业学校全日制正式学籍一、二、三年级在校生中所有农村（含县、镇）学生、城市涉农专业学生和家庭经济困难学生免除学费（艺术类相关表演专业学生除外），与此同时，缩小了对家庭经济困难学生助学金的资助范围，西部、中部和东部地区的资助学生占在校生人数的比重分别为20%、15%和10%，与以往约90%的学生享受助学金相比，资助比例压缩了许多，回归了助学金的初衷。至此，我国率先对农业中等职业教育的学生实现了免费教育。

我国长期以来中等职业教育农科类专业的设置比例较低，为此，2009年国家对农科类专业实行免学费政策，政策实施后，农科类专业招生比例大幅度增加，但2012年秋季国家对中等职业学校学生助学金和免学费政策进行了调整，缩小了助学金的数量和比例，加大了免学费的数量和比例，90%的学

---

①集约化指在社会经济活动中，在同一经济范围内，通过经营要素质量的提高、要素含量的增加、要素投入的集中以及要素组合方式的调整来增进效益的经营方式。本意是指在最充分利用一切资源的基础上，更集中、合理地运用现代管理与技术，充分发挥人力资源的积极效应，以提高工作效益和效率的一种形式。

生可享受免学费政策，一些省份甚至全部实行了免学费，致使农科类专业免学费的政策优势不再存在，农科类专业招生人数又大幅度下降。当然，农科类专业招生人数下降也与农科毕业生的就业渠道不畅有关。从目前来看，农科类专业招生比例与第一产业增加值比例相近，但多年的实践证明，农科类专业的招生比例还会下降，为此，农科类职业教育要加大改革创新力度，适应当前农民的五大转变：从就业型农民向创业型农民转变、从身份型农民向职业型农民转变、从经验型农民向知识型农民转变、从单干型农民向组织型农民转变、从受体型农民向主体型农民转变，这无疑对农业职业教育提出了新的要求和挑战。

二、新型工业化与职业教育专业调整

从总体上看，过去的30多年，我国利用中等教育水平的劳动力，以及通过发展简单劳动密集型产业[①]，推动了我国经济的高速增长。随着劳动力成本持续上升、人民币升值、原材料与能源价格持续走高、资源与环境对经济发展约束增强，制造业产品的国际竞争力优势在减弱，我国需要加速进行产业结构的调整优化，因此，国家提出了建立现代产业体系的发展战略。

（一）新型工业化

1. 工业转型升级

转型，即通过转变工业发展方式，加快实现由传统工业化向新型工业化道路转变升级，即通过全面优化技术结构、组织结构、布局结构和行业结构，促进工业结构整体优化提升。《工业转型升级规划（2011—2015年）》明确提出，目前我国已进入必须以转型升级促进工业又好又快发展的新阶段，今后将大力发展先进装备制造业等重点领域，不断增强我国工业核心竞争力和可持续发展能力。

---

①劳动密集型产业是指在投入的劳动力和资本（或资金）这两种要素中，单位劳动占用的资本（或资金）数量较少的那一类产业。这是按照经济活动中投入的生产要素的比重进行划分的一种经济类型。劳动密集型产业实质上是指资本（或资金）有机构成较低的产业。劳动密集型产业的产品成本中劳动耗费所占比重较大，而物质资本耗费所占比重较小，是以劳动力为主要生产要素的经济产业。

2. 先进制造业①

中国是制造大国，目前中国制造业产值占全球制造业总值的19.9%，高于美国（18%），已成为全球第一制造业大国，我国虽然是制造业大国，但不是制造强国。一方面，目前我国制造业的持续发展面临许多问题。例如，资源环境的制约异常突出，产业发展乏力，产业技术创新能力薄弱，产业结构调整的任务非常艰巨，发展方式转变十分困难，统计数据显示，在我国高端装备制造领域，80%的集成电路制造装备、40%的大型石化装备、70%的汽车制造关键设备及先进集约化农业装备等仍依靠进口，拥有自主品牌的产品不足20%。另一方面，很多发展中国家已接纳了不少从我国转移出的产业，对我国制造业形成了挑战。美国及其他工业发达国家若引领新一轮产业革命，将使其重获制造业优势。

3. 信息化与工业化融合

2011年4月6日，工业和信息化部等五部委联合印发《关于加快推进信息化与工业化深度融合的若干意见》（工信部联信〔2011〕160号），将以往的信息化引领工业化深化为信息化与工业化融合，提出了创新发展、绿色发展、智能发展和协调发展四大原则。信息化与工业化融合发展包括技术融合、产品融合、业务融合、产业衍生4个层次。

4. 中国制造2025

2015年5月8日，国务院印发了《中国制造2025》②，明确了我国未来10年制造业的发展方向，并提出利用30年的时间使我国制造业综合实力进入世界制造强国前列，目前仍在向着这一目标努力。

（二）第二产业专业设置与产业适应性

"中国制造"这4个字在1998—2007年之间响彻全球，让我国的工业制

---

①先进制造业是相对于传统制造业而言的，指制造业不断吸收电子信息、计算机、机械、材料以及现代管理技术等方面的高新技术成果，并将这些先进制造技术综合应用于制造业产品的研发设计、生产制造、在线检测、营销服务和管理的全过程，实现优质、高效、低耗、清洁、灵活生产，即实现信息化、自动化、智能化、柔性化、生态化生产，取得良好经济收益和市场效果的制造业总称。

②《中国制造2025》是经国务院原总理李克强签批，由国务院于2015年5月印发的部署全面推进实施制造强国的战略文件，是中国实施制造强国战略第一个十年的行动纲领。

造行业成为国际瞩目的重要行业，并且我国的工业制造也彻底融入了国际化大都会中。从我国工业的变革历程来看，其重要转折点之一在2001年，这一年我国加入了世贸组织，虽然在此之前，国外对我国各领域的资金注入已经在显著增加，但正是从2001年开始，我国对外招商引资的政策才全面开放并且真正吸引到了足够多的、有分量的投资者，以此向外国展示了我国强大的工业实力并将"中国制造"展示给全世界。随着大量外资涌入中国，我国的建设速度和建设力度得到了显著增强。国家基础设施建设方面也同样得到了飞跃性提升，高速公路网络等象征着国家发展基础的设施纷纷得到大力建设，原本的铁路建设工作也再三提速，国家航空科技不断攀升，载客量以及货物运载量全都得到巨大提升，城市建设方面也有声有色，各种网络技术不断得到发展并在民间普及。目前，我国的工业建设能力在国际上已经是当之无愧的第一，在城市建设方面也有了"傲视群雄"的姿态，同时，建筑行业的高速发展也带动了制造业的共同繁荣，大量劳动力不断涌向国家重要的制造基地，许多农村闲置青壮劳动力迅速流向沿海地区等重要建设城市，成就了我国辉煌的同时令我国第二产业在国内生产总值中所占的比重越来越高，国民消费能力的提升也进一步刺激了我国制造业的繁荣兴盛。

2008年国际金融危机爆发之后，随着人民币的升值，新劳动法的颁布实施，原材料价格上涨，中国调整出口退税政策，欧美等国购买力下降，以及国际贸易保护主义抬头等，成千上万的中国出口导向型制造企业受到较大的影响，而出口不畅又迅速影响到上游企业。制造业比例的下降使职业学校招生数量减少，2003—2008年我国中等职业学校加工制造类专业在校生的比重不断提高，但从2009年开始逐渐降低。例如，中国纺织业遭遇困境，致使纺织机械、缝制机械等行业的订单大幅减少，而这些因素又使机床等行业的订单出现下降趋势，中国制造业的成本优势在下降，加工制造类专业在校生占第二产业专业在校生人数的比重从2008年的86.36%下降到2017年的72.56%，下降了近14个百分点，至2020年数据占比为76.4%。

近些年，我国制造业增加值在第二产业中的比重稳中有降，但第二产业就业的人数比例近几年才开始有所下降，且下降趋势较平稳，这主要是由于我国一些制造业向中、西部地区转移，一些劳动密集型的产业仍然占据主导地位。

三、生产性服务业与职业教育专业调整

（一）第三产业成为经济发展的重要推动力

"十五"期间，我国服务业增加值占GDP比重呈下降趋势，由2002年的41.7%降为2005年的39.5%，这一比重不仅低于发达国家70%左右的平均水平和世界60%左右的平均水平，而且低于大部分发展中国家48%的平均水平。许多发达国家生产性服务业的比重不断提高，1970—2000年，美国创造了约7600万个就业岗位，其中，有7060万个就业岗位是由服务方面的工作所创造的，约占总数的93%，程大中的研究说明，13个OECD经济体的服务投入（生产性服务）占国民总产出的比重平均为21.7%，但中国的相应比例仅为12.2%。我国"两高一低"（高能耗、高污染和低附加值）的工业化模式已经难以为继。面对资源环境的压力，大力发展生产性服务业是改变我国单纯依靠物质投入、以消耗资源和污染环境为代价的粗放型经济发展方式的必然要求。专家认为，中国第三产业严重落后的原因有3个方面：①研发、物流等生产性服务业发展滞后；②现代中介行业发展滞后，会计、审计、法律、价格评估、招标投标等市场中介服务组织的规模和效率没有得到真正提升；③社区服务业发展滞后。

第三产业的发展壮大，是改革开放以来中国产业结构不断优化的最鲜明的特征。1978—2017年，中国第三产业增加值年均实际增长10.5%，高出同期GDP的增速（9.6%）0.9个百分点。2013年，中国第三产业增加值首次超过第二产业。2017年，我国第一产业增加值是65 468亿元，第二产业为334 623亿元，第三产业为427 032亿元，三次产业结构比为7.9∶40.5∶51.6。工业化国家的历史证明，这些国家在工业化完成时期，产业结构无一例外地会呈现"三＞二＞一"的结构态势，即经济发展到一定程度之后，第三产业规模超过第二产业，第二产业又超过第一产业。第三产业成为拉动地区经济的主导力量。国家原工商行政管理总局数据显示，2013年上半年，中国第三产业企业首次突破1 000万户，占全国企业总数的71.94%。与大量消耗资源、严重污染环境、资本密集型的第二产业，特别是重工业相比，第三产业更加"绿色

轻盈"，对资源环境更加友好，吸纳就业人数更多。

（二）第三产业专业设置与产业适应性

伴随着我国综合经济实力的增强和经济总量的不断扩大，第三产业向纵深发展，第三产业增加值总量在不断扩大，就业人数也在不断增多，第三产业专业设置比例先下降后趋于稳定。第三产业内部的专业结构变化存在不一致性，交通运输类、医药卫生类、教育类比例近年来增加较快：交通运输类比例增加主要是由于我国居民汽车拥有量不断增多，汽车维修行业迅猛发展；医药卫生类比例的增多主要是由于我国逐步进入老龄化社会。

随着科技的进步和社会的发展，一些专业的人才培养层次需要提高。例如，随着计算机的普及，尤其是在"两化"（信息化和工业化）融合、"互联网+"的背景下，中等层次计算机人才的社会适应面越来越小，近年来，信息技术类专业的比重下降较多。一些第三产业专业对人员的素质要求较高，如文化艺术类、司法服务类、公共管理和服务类等，这些专业的比重也在逐年下降。

2011年以来，我国中等职业学校招生人数出现了较大幅度下降，但第三产业领域的专业下降幅度较小，有的专业比重非但没有下降，反而在增加，说明第三产业专业的吸引力高于第一、第二产业，也可能与近些年来第三产业发展较快有关，2013年与2003年相比，第三产业增加值占GDP的比重提高了5个多百分点，就业比例提高了9个百分点。在第三产业快速发展的背景下，中等职业学校第三产业专业比重应该相应提高，但实际上第三产业专业的比重却在下降，充分说明当前我国中等职业学校第三产业专业比重高，不是第三产业发展的需要，而是由于第三产业办学成本低的原因。第三产业专业占比从2003年的78.98％下降到2010年的63.88％，下降了15.1个百分点。随着国际金融危机对制造业出口的影响，以及国家出台扶持第三产业发展的政策等，从2011年开始，中等职业学校设置的第三产业专业比重开始不断增加。

第二节　科技进步与专业结构演变

一、科技进步促进专业发展

科学技术的进步使社会分工不断深化，推动了社会职业演变，进而推动了专业及其内涵的变化。科技进步促进专业发展表现在5个方面：一是科技进步提高了劳动生产率，人类生产的产品有了剩余，可以用于交换，为社会分工创造了条件，如农业剩余产品的产生促进了手工业的分离；二是科技进步推动了新产业、新业态、新职业的产生，许多产业和职业就是伴随着科技进步而不断发展变化的；三是科技进步使技术变得越来越复杂，职业内涵越来越丰富，使专业内涵向纵深发展；四是科技进步促进了学科的交叉融合，专业的交融也越来越普遍；五是科技进步促进了专业层级的提升，一些专业办学层次随着科技的进步在不断提高。

人类社会经历了农业社会、工业社会、后工业社会的发展，目前正处于知识经济时代：①农业社会时期，人在生产中主要凭借积累的经验，劳动分工处于自然状态，社会职业划分比较简单，许多职业是综合性的。当时的手工业者往往是"多面手"，一件物品从原料获取到成品制作，基本上是由一个人完成，其需要掌握完成物品制作的整个工序。②工业社会时期，随着机器的发明和科技的进步，社会分工开始细化，机械工分化为车工、钳工、铣工、刨工等工种，每一道程序都可以独立完成，掌握单一技能就能有效就业，专业分类多，技能要求专业化。③后工业社会时期，社会需求越来越多样化和个性化，科学技术也随着时代的发展和科学家对自然现象的探索而持续提升，因此，工业生产在经历了一段时间的"粗糙化"之后，变得越发柔性化，产品也从原本的单一化、实用化变得越发贴近生活多样化需求。

随着科学技术的高度发展，生产技术变得更加柔性化，生产设备也更多功能化，这导致社会的职业分工趋向综合化。现代计算机的辅助加工使得数控机床操作工人能够具备车、钳、铣、刨等多种技能，成为全能工人。同时，现代加工设备普遍采用光、机、电、液一体化自动控制，这也要求操作、运行和维修人员成为多工种复合人才。因此，随着科技的进步，社会分工经历了一条"合—分—合"的演变轨迹。与社会分工的演变相一致，中等职业学校的专业也经历了从综合到细化再到综合的过程。它的培养目标从传统的学徒模式转变为培养精通1—2个工序的技术工人，再到建立在精细化操作基础上的现代综合技术人才。这种变化旨在适应职业分工的需求，培养更加专业化和综合化的人才，使其能够适应多样化的工作要求。

二、分工理论下的职业教育专业

（一）分工理论及其作用

亚当·斯密[1]（Adam Smith）在《国富论》[2]的开篇就阐述了分工的效果。分工是一种特殊的、具有专业划分并进一步发展的协作形式。在过去，各种操作不再由同一个手工业者按照相同的顺序完成，而是被分离开来，独立进行，并在空间上并列在一起，每一种操作被分配给一个手工业者，所有操作由协作工人同时进行。

在过去，一个人独自承担一项工作任务，而在进行分工后，通常是几个人共同分担一项工作任务，并且生产一个完整的制造品所需的劳动往往由许多劳动者共同承担。

（二）分工理论下的技术进步

在20世纪初，美国的弗雷德里克·泰勒（Frederick Taylor）和弗兰克·吉尔布雷斯（Frank Gilbreth）提出了科学管理理论，主张用科学规范性操作取代工人过去的经验性操作。泰勒的科学管理实质上是一种规范化、标准化的管理方法。操作的规范化让规范不仅适用于物品，而且扩展到人员；

---

①亚当·斯密，1723年6月5日出生在苏格兰法夫郡的寇克卡迪，英国经济学家、哲学家、作家，经济学的主要创立者。

②《国富论》全称为《国民财富的性质和原因的研究》，是英国古典经济学家亚当·斯密用了近10年时间创作的经济学著作，首次出版于1776年。《国富论》认为人的本性是利己的，追求个人利益是人民从事经济活动的唯一动力。同时人又是理性的，作为理性的经济人，人们能在个人的经济活动中获得最大的个人利益。如果这种经济活动不会受到干预，那么，经由价格机制这只"看不见的手"引导，人们不仅会实现个人利益的最大化，还会推进公共利益。

管理的规范化令规范对象不仅包括工人，还包括管理人员。基于这些标准化和规范化的基础，企业制定了一系列规章制度，这些制度成为企业的"法典"，规范化和标准化成为整个企业运作的基础，形成了现代管理制度。

科学管理理论将管理从经验层面提升为科学。这极大地提高了社会生产力。尤其是第二次世界大战之后，福特制的生产组织模式扩散到其他国家，成为世界主导的企业生产组织形式。

从中流传下来的流水线作业的生产特点如下：

（1）制定科学的工艺流程，使机器、设备、工艺、工具、材料、工作环境尽量标准化。

（2）工人面对的是单一的、模块化的工作任务。

（3）使用的是专用性的生产设备。

（4）管理和劳动分离，企业员工分为管理者和被管理者。

（5）企业组织为科层管理组织，20%的人管理80%的劳动者。

（三）分工理论下的职业教育专业概述

流水线生产方式的引入使得生产过程实现了高度标准化设计、模块化生产，并要求工人操作按照标准化方法进行。这为职业教育提供了坚实的基础，使得专业化和标准化的人才培养成为可能。大规模、标准化的生产设备往往具有高度专用性，培养单一技能型的人才足以满足生产需求。与此同时，大规模生产形成了庞大的等级制职能组织结构，需要培养大量的管理人才。因此，在这个时期，职业教育取得了长足发展。

基于分工理论的职业教育课程通过对劳动分工方式和工作行为的分析，获得了职业行为的基本组成元素，并建立了一整套概念体系。它采取了建立在职业分析和工作分析基础上的专业设置模式。

三、合工理论对职业教育专业的启示

合工理论[①]本质上是一种更大程度发挥单个工作者能力、让原本从事单一性工作的工作人员参与到更多不同工作中的思路，是一种与当今职业教育

---

①指在生产产品或提供服务的流程中，将流程中的活动适当合并到其他活动中，以降低流程成本，增加流程收益，使流程具有经济性。

专业设置综合化有着异曲同工之妙的管理理念，合工的工作方式具有一体化的妙处，能够将客户原本得到的碎片化服务聚合在一起，形成具有一站式特征的综合服务，既能够提供更加优质的服务，也能够节约双方的时间成本、精力成本等，可以说是现代管理学人力资源管理中非常重要的概念。当然，值得注意的是，合工虽然要求由更少的工作人员完成原本由多个人员完成的工作内容，但这些内容原本就是具有高度关联性的，甚至就是某个完整工作的前后流程，因此，尽管一个人的工作效率不能和多个人相提并论，但是在减少工作人员的同时也降低了客户游走于不同工作者之间进行反复沟通与确认的时间，因此，尽管合工理论下的工作效率并不会是分工工作的数倍之多，但是依然远远高于一些不必要分工的情况，可以说，这是一种能够提升一定工作效率、能够提升客户满意度、节约时间成本与精力成本的工作模式，但是对工作人员的工作能力与专业素质提出了更高的要求，当然，这也是符合当前社会对高素质人才的要求的。

有时候一个大的企业就是在过度分工的情况下一步步走向衰败的，有些企业能够及时发现并挽回，有些企业就此万劫不复。比如，20世纪50年代的福特汽车公司就是典型例子，其最鼎盛的时候是当时汽车行业的领头羊，但仅仅用了20年就由于生产理念和生产模式过于陈旧而陷入巨大的危机中，生产过程中的高度分工令每个环节都几乎是完全固定的，企业整体缺乏创新力量，这也是导致其危机的主要原因。

福特汽车的生产危机给欧美国家的其他公司敲响了警钟，许多公司纷纷对自己的生产过程进行了调整，更多的精细化生产和柔性技术被运用到了制造过程中，微电子技术也是在这一时期得到了高速发展，原本绝大部分公司为客户提供的都是批量化生产模式，有了福特公司的示警后，其他公司纷纷改良了生产流程，做到了在一定程度上根据客户要求对产品做出相应调整，从而形成了"大规模定制化生产"，这也是现代工业制造转型的代表性事件之一，市场从卖方偏向了买方。

更加值得注意的是，除了市场变化外，在此之后的企业生产模式也有所变化，原本只关注生产规模和生产速度的企业纷纷投入更多资本，在流水线中打造柔性化元素，力求能够为用户提供更好的、更多样的服务，这样的柔性技术体系令当时的产品从原本的单一化变得百花齐放，也对工作人员的沟通的能力与个人素质提出了很高的要求，可以说是早期"精英化战略"的体现。

合工理论对职业教育产生了重要的影响。合工理论是一种关于劳动分工和职业行为的理论，它认为通过将工作任务进行适当的划分和分配，可以提高生产效率和工作质量。以下是合工理论对职业教育的影响：

（1）职业分析和课程设计：合工理论强调对工作任务进行细致的分解和分配，因此，职业教育在课程设计过程中需要进行详细的职业分析。职业分析确定了职业行为的关键要素和技能要求，为职业教育的课程设计提供了指导。教育机构可以根据合工理论的原则制定相应的课程，培养学生所需的专业知识和技能。

（2）专业化的人才培养：合工理论强调不同工作任务的划分和分工，这导致了对专业化人才的需求。职业教育通过提供专业化的培训和教育，使学生能够在特定领域或行业中发展专业技能。通过培养专业人才，职业教育能够满足劳动市场对特定职业的需求，并提高学生的就业机会。

（3）实践和技能培养：合工理论强调实践和技能的重要性。职业教育注重培养学生实践操作能力和职业技能，使学生能够适应实际工作环境并胜任具体工作任务。通过实践性的学习和技能培训，学生能够掌握所需的专业技能，并在职业生涯中展现出良好的工作表现。

（4）工作适应性和就业能力培养：合工理论强调劳动者在工作中的适应性和就业能力。职业教育致力于培养学生的综合能力，包括沟通能力、团队合作能力、问题解决能力等，以提高学生在工作环境中的适应性和竞争力。职业教育通过提供实际工作经验和职场技巧的培训，帮助学生增强就业能力，并成功地融入职业领域。

综上所述，合工理论对职业教育的影响主要体现在职业分析和课程设计、专业化的人才培养、实践和技能培养以及工作适应性和就业能力培养等方面。通过应用合工理论的原则，职业教育能够更好地满足劳动市场的需求，培养出适应职业要求的高素质人才。

第三节　数字化改造与专业结构优化

一、我国高职院校专业结构及毕业生就业区域结构的现状分析

1.专业开设齐全、覆盖面广、地市之间差距明显

为了给高职高专教育提供专业设置的依据，教育部于2004年发布了《普通高等学校高职高专教育指导性专业目录（试行）》。通过对照这份指导性专业目录，并统计我国各地区高职学校所开设的专业数据，我们发现，在高职教育的专业设置方面，整体上呈现数量众多、门类齐全、覆盖范围广泛的特点。然而，在包括广州、深圳、珠海在内的9个经济较为发达的地市中，专业设置之间的差异相对较为明显。

2.专业设置较为集中

从整体来看，我国的高职教育专业设置呈现集中发展的特点。近年来，财经商务、电子信息和智能制造等几个主要专业群成为高职教育的主导。不同城市的高职院校专业设置存在差异，这是由地方经济发展的差异和区域地理的不同所致。

随着信息技术、新能源[①]和新材料[②]等领域的快速发展，高职教育也相应调整了专业设置以适应市场需求。以广州为例，由于广州地区经济发展的特点，当地的高职院校主要集中在财经、电子信息和制造等与广州三大支柱产业密切相关的领域。据统计，广州高职院校的专业数量超过170个。与广州相似，深圳的高职院校专业设置情况也与其经济发展需求和现状相吻合。

因此，不同地区的高职教育专业设置受到地方经济特点和需求的影响，

---

①新能源，又称非常规能源，是指传统化石能源之外，尚在积极研究开发中的各种能源形式，包括太阳能、地热能、风能、海洋能、生物质能和核聚变能等。

②新材料是指新近发展或正在发展的具有优异性能的结构材料和有特殊性质的功能材料。结构材料主要是利用它们的强度、韧性、硬度、弹性等机械性能，如新型陶瓷材料、非晶态合金（金属玻璃）等。功能材料主要是利用其所具有的电、光、声、磁、热等功能和物理效应。近年来，世界上研究、发展的新材料主要有新金属材料、精细陶瓷和光纤等。

各地根据自身的发展方向和产业需求进行相应的专业规划和调整。这样的调整能够更好地满足当地经济的发展需求，并为学生提供与就业市场相匹配的专业培训。

二、我国高职专业设置与数字化产业结构契合度分析

衡量区域经济发展水平和质量的关键指标可以参考产业结构。目前，企业服务、金融、人工智能、政府、通信、交通运输、文娱传媒等领域对数字化转型的需求较高。

专业设置的科学合理性取决于专业结构，因此可以利用专业数据来确定数字化产业的定位。例如：企业服务行业需要电子、财经、公共事业、法律等专业的支持；金融行业主要依赖财经类专业；人工智能行业由电子信息类专业提供支持；政府部门需要环保气象、公共事业等专业的支持；通信行业主要依赖电子信息专业；交通运输行业主要依赖交通运输、电子信息专业；文娱传媒行业主要依赖电子信息、艺术设计、文化教育等专业。

总体来看，我国数字化产业的产值比重与数字化专业的比重存在约21%的差距。这说明我国高职专业设置与数字化背景下的产业结构契合度不高。这主要归因于当前数字化转型仍处于起步阶段，而我国传统的经济工业区域，在贸易加工、装备制造和基础产业等方面有较为雄厚的基础。然而，这也意味着实现数字化转型存在一定的阻力。该区域内的高职院校在专业设置上主要还是为了满足当地传统行业的需求，对于数字化专业的发展还处于初级阶段，其效果尚未凸显。为了适应区域产业发展的变化，教育供给方需要优化专业结构，完善人才供应，从传统经济向数字经济转型。

三、我国高职院校专业设置优化路径

（一）提高政、校、行、企四方联动效率，建立动态调整机制

为了提高高职教育与当地社会经济发展的匹配度，我们需要建立一个由政府、高职院校、行业协会和用人企业组成的四方合作机制，并确保其高效运作。这个合作机制可以通过动态调整机制来不断适应变化的需求。在数字化背景下，我们可以借鉴其他国家和地区的成功经验，以此为指导，建立专

业试点，以点带面，探索适应产业数字化转型的专业建设优化模式。为了更好地适配当地经济社会发展，实现高职专业与区域数字化产业的无缝对接，各级政府应主动掌握大方向，起到宏观调控作用。我们可以建立由政府、行业协会、用人企业和高职院校组成的专业建设优化委员会，形成四方合作的互动共谋发展的局面。这样可以有效地指导高职院校的专业设置，使其与数字化背景下产业转型需求相匹配，以满足区域经济社会发展的需要。

（二）基于区域产业结构特点打造专业特色

高职院校的专业结构应与所在区域的产业结构保持一致。如果两者之间的协调性不足，就会出现某些专业大类的职业教育人才供给过剩或不足的问题。产业的进一步发展需要依赖专业人才的供给，如果人才不能满足产业的需求，就会明显影响产业的发展。因此，高职院校应该根据所在区域的产业结构来布局专业，并突出自身的特色。

在实施层面上，高职院校可以进行对比研究，比较专业结构中对应产业的招生比重、专业布点数、专业规模和专业毕业生就业比重等与区域的三次产业结构和就业人员比重之间的关系。例如，可以将深圳和广州职业教育中不同产业对应的专业招生比重与两个城市的三次产业结构进行比较，来衡量产业结构与专业结构的协调性。如果协调性良好，就能凸显专业的特色。

在数字化背景下，明确未来不同区域专业结构调整的方向与趋势也至关重要。不同地区所属的高职院校在专业设置上应考虑其所属地区的特色与优势，而不是盲目跟风。要找到适合所属地区产业发展的专业，以实现与当地产业发展的匹配，确保在数字化背景条件下，专业设置能够满足产业转型与升级的需求，打造专业人才培养的特色。

（三）深化产教融合，促进高职院校专业设置优化调整

在数字经济背景下的产业转型升级对技术技能型人才的培养提出了更高要求，因此，高职院校需要对专业结构和布局进行方向聚集。在专业设置前期，高职院校需要进行深入调研，包括了解现有专业情况、区域产业发展趋势以及产业架构变动情况等。

在我国数字经济大发展的背景下，高职院校应该发挥区域各集群产业的优势，与所在区域的企业建立"共投共建、成果导向、突出亮点"的双元主

体办学模式，推动专业设置的优化调整。

高职院校可以根据不同的集群产业选择适合的产教融合方式，从办学模式和机制改革两方面入手，加强制度建设，巩固办学基础，增强办学实力，共同推进地区企业和学校的合作。

（四）主动打造面向区域优势产业的专业群

随着我国产业转型升级，行业企业对数字技术和技能型复合型人才的需求变得更加迫切。在数字经济转型背景下，传统单一专业在支持产业发展的广度和深度方面存在明显不足，因此，打造高水平的专业群成为必然需求。高职院校可以按照不同的组建逻辑，选择专业课程基础相同、实践教学条件共享度高、岗位需求相近的专业组成专业群，并通过优化调整原有专业的课程，增设相关的数字技术课程，以服务区域内数字转型产业发展的企业，拓宽专业毕业生的就业范围，提高学生的社会服务能力。

专业群的建设是高职院校深化产教融合、实现高质量发展的重要途径。高职院校应以深化产教融合为主线，以区域产业发展为依据，与产业调整和岗位需求对接，建立专业群动态调整机制，为区域经济建设提供专业人才支持。

专业群的设置也应根据数字化转型背景下区域优势产业群的构建情况来确定。例如，可以建立以数字化转型为重点的高新技术产业专业群、电子信息专业群、医药健康专业群、制造业专业群等，形成各具特色、与相应产业聚集形态相适应的职业教育专业群。

第三章　我国职业院校专业设置历程与相关理论

第一节　中职、高职与高校本科院校专业设置

一、专业的相关概念

（一）专业的概念

对于专业的概念，不同领域的学者给出了不同的解释，且各有侧重。

从社会学视角来看，专业可以分为一般性职业和专业性职业两类。专业性职业是职业的一种亚类，其与一般性职业的区别在于从业者需要具备深奥的知识和复杂的技能，每个专业都是一个科学的知识体系。举例来说，医生和律师就是典型的专业性职业。专业性职业旨在通过提供专门性的社会服务，解决人生和社会问题，并推动社会进步。

从教育学视角来看，"专业"一词在西方高等教育中通常用profession或speciality表示，指的是不同规模的专门领域。正如教育家约翰·布鲁贝克（John Brubacher）所言，一个人不可能通晓所有知识或掌握百科全书式的知识，现代人只能希望成为精通有限领域学问的人。在中国，专业的定义有以下几种：高等学校或中等专业学校根据社会分工的需要划分的学业门类；高等学校的一个系别或中等专业学校中，根据学科分工或生产部门的需求将学业划分的门类；中国等国的高等教育培养学生的各个专门领域，相当于国际教育标准分类中的课程计划或美国高等学校的主修；狭义上指高等学校的专业，即培养高级专门人才的基本教育单位，由特定的专业培养目标和相应的课程体系组成；高等学校或中等专业学校根据社会分工、经济和社会发展需求以及学科发展和分类情况划分的学业门类。专业在教育中作为一种服务于

社会的职业或行业，相对于普通职业而言是一种专门职业，强调从事专业活动需要积累专门性知识。

综上所述，专业可以从社会学和教育学的角度来理解。从社会学视角看，专业是一类特殊的职业，从事专门化的处理活动，通过提供专门性的社会服务解决人生和社会问题，促进社会进步。从教育学视角看，专业是高等学校根据社会分工的职业岗位性要求对学生进行相应专门学科学业的教育教学。

（二）专业设置

我国最早提及专业设置的官方文件是1952年的《教育部关于全国农学院院长会议的报告》。该报告指出，应根据各业务部门的实际需求进行专业设置，并且着重讨论了专业设置的问题。根据刘春生的观点，专业设置是指高等学校和职业学校中专业的设立和调整。设立专业指的是新建和开设专业，而调整专业则是指对专业进行变更或取消。专业设置必须与社会产业和行业结构的变化和调整相适应。它是学校培养专业人才的依据，也是学生和就业岗位之间的桥梁。专业设置涉及学生就业需求，是学生选择未来职业方向的准备，同时也是用人单位按专业选拔人才的依据。对于学校的专业结构来说，它是最基本的组成要素和核心。只有适应社会经济发展的需求，专业设置才能对社会经济发展起到促进作用。因此，专业设置的合理性和针对性对于培养院校的发展、经济的促进以及专业的稳定性起着至关重要的作用。

（三）专业结构

我国教育的专业结构和类别结构主要指中等专业学校和大专学校中各类专业的比重，以及系科专业之间的比重结构和相互关系。专业结构的基本形式可以分为3种：同质结构、近质结构和异质结构。同质结构指学校只设置一个或若干个性质完全相同的专业；近质结构指学校设置若干个性质相近的专业；异质结构指学校设立的各种专业性质各异，彼此之间基本没有联系。

（四）专业集群

专业集群是借鉴经济学中产业集群的概念而提出的。产业集群是指大量专业化的企业或产业及其相关支撑机构在一定地域范围内柔性集聚，形成紧密的合作网络，与当地不断创新的社会文化环境相互关联。专业集群则是由若干个相近的专业或专业方向组成的专业群体。专业集群中的各个专业或专业方向面向企业中的岗位链，均能在同一个教学体系中完成其基本教学内容。专业集群的边界可以通过能否在同一个体系中完成主要实践性教学来界定。举例来说，机械制造、机械修理、模具设计与制造等专业可以形成一个专业集群，市场营销、电子商务、物流管理、商务英语、国际贸易等专业可以构成另一个专业集群。

不难看出，专业集群具有共同的知识、技术或处于同一行业内，共性是专业集群的基础。从社会的角度来看，专业集群是职业分化的结果，随着职业的细分，许多职业需要不断地细化为多个工种或岗位，从而形成多个专业；从技术的角度来看，专业集群是具有共性技术专业的集合，因此，专业集群是适应技术或职业变化的需要而产生的；从学校的角度来看，专业集群是管理专业的需要，没有专业集群，学校的专业犹如一盘散沙，在我国，专业的载体是二级院（系），因此，专业集群与学校的二级院（系）具有一致性，一个院（系）肯定是一个专业集群，但也存在多个院（系）组成一个专业集群的情况。院（系）是学校教学行政管理的要求，专业集群是专业建设的需要。专业集群是专业的组合体，像市场营销学的产品组合一样，也存在宽度、深度和关联性等特点，即涉及专业个数、各专业包含的专业方向数、各专业在教学与就业等方面的联系等特点。专业集群建设就是研究专业集群的合适宽度，各专业的深度，专业或专业方向的选择，各专业之间的共性和差异及其关联性等。

（五）专业生命周期

随着社会的进步和科学技术的发展，产业结构不断进行调整、优化和升级，一些新的职业不断产生，旧的职业不断消亡，即使存在的职业，其内涵也在不断发展变化。同时，产品是产业的市场表现，产品具有生命周期，产业也具有生命周期。专业都要经历一个由成长到衰退的发展演变过程，这个过程便称为专业的生命周期。

专业的发展可以大致分为形成期、成长期、成熟期和衰退期这4个阶段。了解专业的生命周期，对我们认识专业成长的不同阶段有很大的帮助，从而可以有针对性地对专业进行合理调整。

首先是形成期，这是专业刚刚开始建立和发展的阶段。在这个阶段，专业的目标、定位和发展方向正在形成，相关的教学资源和课程体系正在逐步建立。这是一个关键的起步阶段，需要投入一定的资源和精力来培养专业的基础。

其次是成长期，这个阶段是专业逐渐扩大规模和提升影响力的阶段。在成长期，专业的课程设置更加完善，教师队伍和学生规模都在逐渐增加。专业开始吸引更多的学生和投入更多的资源，逐渐形成了自己的特色和竞争优势。

再次是成熟期，专业在这个阶段已经发展成熟，并且取得了一定的成绩和声誉。在成熟期，专业的教学质量和研究水平都较高，毕业生就业率也较好。专业的发展进入一个相对稳定的状态，但仍需要持续改进和提升以适应不断变化的需求和环境。

最后是衰退期，这是专业发展的后期阶段，可能由于市场需求变化、技术进步或其他因素，导致专业的地位和竞争力逐渐下降。在衰退期，专业可能面临学生招生减少、教学资源减少等挑战，需要寻找新的发展方向或进行调整，以保持专业的活力和竞争力。

了解专业的生命周期可以帮助我们更好地认识专业的成长过程，并根据不同阶段的特征对专业进行合理的调整。在形成期和成长期，应该注重专业的基础建设和特色发展，不断提升教学质量和学科实力；在成熟期，需要持续改进和提升以保持竞争力；在衰退期，需要寻找新的发展机遇，进行调整和创新，以重拾专业的活力。总之，对专业生命周期的了解可以帮助我们更加全面地把握专业的发展趋势，为专业的持续发展提供指导和支持。

二、中等职业学校专业设置情况

（一）中等职业学校专业建设的现状与分析

中等职业学校的专业建设情况是一个复杂而多样的议题。目前，中等职业学校专业建设在不同地区和学校之间存在一定的差异，但总体来说，可以从以下4个方面来详细论述中等职业学校专业建设的现状：

首先，专业设置范围广泛。中等职业学校的专业涵盖了多个领域，如工商管理、机械制造、电子信息、建筑工程、医疗护理等。学校会根据当地经济发展需求和学生的兴趣爱好，设置不同的专业来满足社会和学生的需求。

其次，专业特色鲜明。为了提高学校的竞争力和吸引更多学生就读，许多中等职业学校注重培养具有特色的专业，会根据本地特色产业、就业市场需求等因素，开设与之相关的专业，如农业科技、旅游管理、电子商务等，以期为学生提供更好的就业机会。

再次，与企业合作紧密。为了提高学生的职业技能和就业竞争力，中等职业学校通常与企业建立合作关系。这种合作可以包括实习机会、校企合作项目、企业导师等形式，以确保专业培养的学生具备符合实际工作需求的技能和知识。

最后，中等职业学校的专业建设还面临一些挑战和问题。一是由于市场需求的变化和技术的快速发展，部分传统专业可能面临就业市场需求减少的风险，需要及时调整或优化。二是由于教育资源的不均衡分布，一些学校的专业建设可能相对滞后，需要更多的支持和帮助。

综上所述，中等职业学校的专业建设情况在不同地区和学校之间存在差异。但整体来看，中等职业学校的专业设置范围广泛，专业特色鲜明，与企业合作紧密，然而，也面临着市场需求变化和教育资源不均衡等挑战。为了适应社会发展需要和学生的就业需求，中等职业学校需要持续关注专业建设的动态变化，不断优化专业设置，提高教育质量，以培养更多适应现代社会需求的高素质职业人才。

1.专业设置

我国中职专业设置中汽修专业与机械相关专业的人数显著增加，一是随着人们生活水平的提高，家用轿车已成为人们习惯使用的日常代步工具。车的逐渐磨损，产生出各种维修车间、增加许多就业岗位，所以汽车运用与维修专业是不少学生选择的方向。二是随着农业机械化水平的提高，农民逐渐由传统手工作业，改用机械深翻旋耕，尤其免耕播种技术在常年干旱地区深受欢迎。所以农机设备运用与维修专业，成为学生梦想建设美丽乡村的技术支撑。

近年来，加工制造业与焊接等专业的专业设置数量也在增长。加工制造类近3年在校生规模均在200人以上，是稳定的就业出口。例如某校焊接技术应用专业，与国内大型央企深度融合，采用"现代学徒制①"人才培养模式，实现教学标准与企业岗位标准无缝对接，实现高端高薪稳定就业。

2. 专业师资

（1）专业师生比例。近3年，我国中职专业课中的师生比约为1∶16.9。护理等两个专业师生比超过1∶50，专业师资明显不足；设施农业等3个专业师生比在1∶22—1∶30，专业师资相对不足；畜牧兽医等14个专业师生比在1∶16—1∶21，专业师资相对稳定；其余专业均在1∶15以下，呈现专业师资相对过剩现象。

（2）外聘教师情况。近年中职外聘教师数量约占专业教师的16.7%。其中计算机网络技术等5个专业外聘教师数最为合理，电气运行与控制等11个专业外聘教师比例接近20%，航空服务、美容美发专业外聘教师数量达到100%，护理等专业则几乎没有外聘教师。

（3）双师型教师情况。近年中职的双师型专业教师数量约占专业教师的65%，其中护理等18个专业双师型专业教师比例达65%以上，机械加工等9个专业双师型专业教师比例在50%—60%之间。

3. 教学改革

在中等职业学校的专业建设背景下，教学改革是一项重要而紧迫的任务。教学改革旨在提升教育教学质量，培养适应社会需求的高素质职业人才。下面将详细论述中等职业学校专业建设背景下的教学改革。

首先，教学改革应注重适应产业发展需求。随着科技和经济的不断发展，产业结构不断调整和更新。中等职业学校应通过与企业合作、产学研结合等方式，及时了解产业的需求变化，并将这些需求纳入教学改革的考虑范围。例如，根据新兴行业的需求，开设与现代技术、创新创业等相关的专业

---

①现代学徒制是中华人民共和国教育部于2014年提出的一项旨在深化产教融合、校企合作，进一步完善校企合作育人机制，创新技术技能人才培养模式。现代学徒制是通过学校、企业深度合作，教师、师傅联合传授，对学生进行以技能培养为主的现代人才培养模式。与普通大专班和以往的订单班、冠名班的人才培养模式不同，现代学徒制更加注重技能的传承，由校企共同主导人才培养，设立规范化的企业课程标准、考核方案等，体现了校企合作的深度融合。

课程，以提供学生所需的实用知识和技能。

其次，教学改革应强调实践教学和实习实训的重要性。中等职业学校的学生主要以就业为目标，因此，实践教学和实习实训环节至关重要。教学改革应加强实践教学环节的设计，提供更多与实际工作场景相符的实训机会，培养学生实际操作技能和解决问题的能力，同时，加强与企业的合作，提供更多的实习机会，使学生能够在真实工作环境中学以致用，增强就业竞争力。

再次，教学改革应注重培养学生的综合素养。中等职业学校的教育目标不仅仅是培养学生的职业技能，还要关注学生的综合素养发展。因此，教学改革应注重培养学生的创新能力、沟通能力、团队协作能力等综合素养，通过课程设置和教学方法的创新，鼓励学生参与创新项目、团队合作等实践活动，提高学生的综合素质和就业竞争力。

最后，教学改革还应注重教师的专业发展和培训。教师是教学改革的关键力量，他们的专业素养和教学能力直接影响到学生的学习效果。中等职业学校应给教师提供培训机会，引入新的教学理念和方法，提高教师的教学水平。同时，学校应搭建良好的教师发展平台，鼓励教师参与教学研究和教学团队建设，形成良好的教师专业发展氛围。

综上所述，中等职业学校专业建设背景下的教学改革是一项全面而复杂的任务。通过注重产业需求、加强实践教学和实习实训、培养学生的综合素养以及促进教师的专业发展，中等职业学校可以不断提升教育教学质量，培养更多适应社会需求的高素质职业人才。

（二）中等职业学校专业建设的对策与建议

1. 优化专业布局，提升供给结构

坚持以立德树人为根本，通过政策引导、督导评估等手段，基本建成与其办学定位、服务面向相适应，以主干特色专业为引领的专业群。校际逐步形成特色鲜明、优势互补、错位发展，区域间形成科学合理的专业结构布局。动态调节专业结构，形成精准供给、有效供给、优质供给。

为适应经济和社会发展的需求，中等职业学校应该进行专业布局的优化。这可以通过以下方式实现：

（1）进行市场调研和需求分析：学校可以与企业和行业协会合作，进行市场调研，了解各行业的用人需求和未来发展趋势。基于这些信息，学校可以调整现有专业设置，或引入新的专业领域，以满足就业市场的需求。

（2）强化跨学科综合专业设置：在优化专业布局时，中等职业学校可以考虑跨学科综合专业的设置。这些专业可以培养学生的综合能力，提高他们在不同领域的适应性和竞争力。例如，可以开设综合性实践创新专业，培养学生的创新思维和实践能力。

（3）与行业合作创新专业：学校可以与企业和行业组织合作，共同开发创新的专业。通过这种合作，可以确保专业设置与实际行业需求相匹配，并为学生提供更多与实际工作相关的学习机会。

2. 深化产教融合，全面提升供给质量

扎实推进"双元"人才培养模式改革，打造"工匠"人才。以"专业带头人"工作室为纽带，按照企业的生产过程、工艺流程、职业岗位及行业标准，全面开展"项目教学""案例教学"；开展师徒传承的"现代学徒制"试点，实现"招生即招工""入校即入厂"；广泛开展委托培养、定向培养、订单培养；全面实行工学结合、顶岗实习。

为了提高中等职业学校的教育质量和与就业市场的对接度，深化产教融合至关重要。以下是3种可行的方法：

（1）建立产业学院和实训基地：学校可以与相关行业企业合作，建立产业学院和实训基地，提供以实践为导向的教育环境。这将使学生能够接触到真实的工作场景和操作流程，提高他们的实际操作能力和解决问题的能力。

（2）实施校企合作项目：通过与企业合作开展校企合作项目，学生可以参与实际的工作项目，与企业员工合作解决实际问题。这种实践经验将有助于学生更好地理解行业要求，并培养他们的团队合作和沟通能力。

（3）增加行业导师和实习机会：学校可以邀请行业专家担任导师，为学生提供行业内的指导和咨询。此外，与企业建立稳定的实习合作关系，为学生提供实习机会，让他们能够将所学知识应用到实际工作中。

3.打造"双师结构"教师团队，提升教师专业素养

积极争取政策支持，解决部分学校教师不足和引进有实践经验专业教师待遇问题；按照国家、省有关文件精神，根据企业岗位操作要求、规范，有计划、有针对性地安排专业教师到企业进行顶岗挂职，每年至少一个月。充分发挥模范教师、学科带头人及骨干教师的作用，支持教师参加国家、省级培训。中等职业学校的教师队伍是教学改革的关键因素之一。以下是3点关于提升教师专业素养的建议：

（1）强化师资培训：学校应该加强对教师的培训和对其专业发展支持。通过举办教学方法、教育技术和行业知识的培训课程，教师可以不断更新自己的知识和技能，提高教学水平。

（2）建立导师制度：学校可以建立导师制度，用有丰富行业经验的教师指导新教师成长。这种知识传承和经验分享将有助于提高教师的专业素养和教学能力。

（3）鼓励教师参与行业实践：学校可以鼓励教师参与行业实践和项目合作，以增加他们对行业的了解和实践经验。这将使教师能够更好地理解行业要求，将实际案例融入教学中，提高学生的实际操作能力。

通过以上对策和建议的实施，中等职业学校可以有效优化专业布局、提升供给结构，深化产教融合，全面提升供给质量，以及打造高水平的"双师结构"教师团队。这些举措将有助于中等职业学校更好地满足社会需求，培养适应现代产业发展和社会进步的高素质人才。

三、高等职业学校专业设置情况

（一）高职院校专业设置的内涵与特点

在教育领域中，专业指的是学生未来的工作领域和当前的学习范围。我国的高等教育可以分为普通高等教育和高等职业教育两个主要领域。普通高等教育的专业设置是按照学科分类，被称为"学科专业"；而高等职业教育的专业则按照服务对象或技术领域进行分类，被称为"技术专业"。技术专业的知识由与职业岗位技术工作相关的知识和实践经验构成，与学科专业不

同，技术专业更加注重职业技能的针对性、适应性和应用性，而不是知识的完整性和系统性。

相较于普通高校，高职专业设置具有以下特点：

1. 技术专业的设置需要学科理论知识体系的支撑

与各国经过几百年乃至上千年发展的学科专业不同，我国高职教育的发展史较短。特别是技术专业缺乏庞大的理论体系，其知识必须依附于学科体系，技能也只能依赖于一些分散在不同技术领域中的专有技术。由于无法形成完整的技术理论体系，专业设置需要依赖学科理论知识体系的支持。

2. 技术专业的教学内容更新速度越来越快

无论教学内容如何与时俱进，仍然无法跟上新技术发展的速度。学校培养的毕业生很难成为先进技术的创造者，而更多地成为传统技术的传承者。与拥有历史积淀的学科专业相比，技术专业的教学内容变化频繁，更新速度快，教学内容的累积变化必然导致专业设置的质变。

3. 技术专业的实践教学办学成本更高

注重实践教学是高等职业教育的本质特征。实践教学必须与社会岗位能力要求相一致，至少需要高度仿真。这就要求技术专业设置必须以巨额投资为基础建设实践教学基地。在学校难以承受巨额投资的情况下，校企合作可以让企业承担部分职责。

（二）高职院校专业设置的历史价值与设置原则

在高等职业教育的发展史中，专业设置应该遵循"急用先学"的原则。这一原则体现在不同历史时期对专业设置的实用主义需求上，可以分为3种类型：第一种是为了救亡图存而开设的技术性较强的专业，如晚清时期在"西学东渐"框架下的专业设置体系，强调"技"以达到"师夷长技以制夷"的效果；第二种是由社会人士或教育家主导的自主创新型专业，例如黄炎培先生在中华职业学校设立木工、铁工等紧缺专业，并倡导"手脑并用"的教学理念；第三种是为了提升民众生活水平而开设的特殊专业，如设置家事专业为女性提供职业技能培训的机会。然而，当前社会对家政服务岗位的认知存在偏差，导致专业设置不足、招生困难，且学位归属也存在问题。教育部已呼吁各省开设更多的家政服务专业，虽然取得了一定成效，但高素质的家政服务人员仍然短缺。

专业设置必须与区域经济发展需求相接轨，实行弹性设置原则。在我国高等职业教育的专业发展中，大部分专业属于适应社会分工和产业发展的自然演进型。不同时期生产力的发展和社会历史背景推动了不同历史阶段的专业大类形成，这些专业体系不仅具有行业特色，也蕴含着地方特色。职业学校的创设必须适合当地情况，采用当地原料，促进当地工业、农业和商业的发展。在制定新一轮高等职业教育专业目录时，应充分考虑我国各地区的气候、资源和产业差异，参考各历史时期中的灵活设置政策，采用全国综合和地方特设两种专业目录设置模式。地方特设专业目录的形成可以由地方教育厅组织专家讨论并决定。

四、高等学校本科专业设置情况

（一）我国高校本科专业设置的特点

自1952年我国高等学校专业设置开始，经过70多年的不断改革与调整，形成了与就业紧密相连、培养国家和社会所需实用人才的最大特点。2004年年底，在"全国高校毕业生就业工作"网络视频会议上，教育部表示要坚决整改不具备办学条件的学科和专业，并对一些设置过多过滥的热门专业进行调整；对就业率连续3年不足30%的专业，建议减少招生甚至停止招生；对连续2年就业率不足50%的专业，建议严格控制招生规模。2011年年底，教育部再次强调了就业与高校专业设置的密切联系。由于经济快速发展，面向市场办学已成为高校必须重视的重要方面。加之长期以来，按照专业进行就业已成为大部分用人单位和学生家长的思维定式，因此，我国高校本科专业设置一直与就业紧密相关。这种"随行就市"的本科专业设置方式可以在一定程度上缓解当前大学生就业难的情况，但这种做法也存在一定的局限性，不利于高校专业设置的稳定和长期发展。

（二）我国高校本科专业设置中存在的问题

1. 专业设置情况与社会需求的矛盾

（1）新兴学科的专业设置较为缺乏。从1998年教育部颁布的《普通高等学校本科专业目录》来看，我国高校本科专业的范围相对狭窄，并且在文理学科的划分上存在科学性不足的问题。虽然为了应对市场经济的需求，一些新兴专业得到了设置，但交叉学科和边缘学科的相关专业设置相对不足。根据高校本科专业的实际情况观察，一些具有良好发展前景的学科前沿领域在专业设置上受到了限制，同时，学校内部专业划分过于细致，过分强调专业性和专业对口。这一方面会导致学生毕业后就业时无法适应社会经济的发展趋势，无法满足社会对复合型人才的需求；另一方面也会限制有意继续深造的学生在专业选择上的自由度。尽管在2009—2023年期间，教育部多次修订了《学位授予和人才培养学科目录》和《普通高等学校本科专业目录》，新增了与国家重大战略、产业发展和改善民生相关的学科和专业，但高校主动服务经济社会发展的意识和能力还需进一步增强。

（2）本科专业设置具有盲目性和随意性。本科专业设置存在重复性较高的问题，即许多学校设置了相同的专业。当前，随着我国高等教育规模的扩大，不同定位和类型的高校之间的专业设置趋同现象日益加剧。高校之间专业设置的趋同已经成为我国高等教育中一个不可忽视的问题。

目前，我国高校本科专业设置的趋同现象主要集中在各类文科专业，如工商管理、行政管理、公共事业管理等管理类专业，以及法学、英语和会计学等学科。这些学科相对于其他学科更具有交叉性，但在资金和设备投入方面相对较少。

2. 专业设置结构和人才培养的矛盾

专业设置结构涵盖了同一所学校内部的专业设置结构，以及某一地区或全国范围内的高校专业设置结构。在2011年4月清华大学举办的"全球社会经济发展与高等教育"主题讨论会上，多个国家达成共识，认为尽管大学的职责和功能随着社会发展不断扩展，但大学的根本任务仍然是培养人才。换言之，高等教育必须回归到"人"的教育，首要任务是培养具有独立人格意识的公民，其次才是培养具备专业技能的人才。随着社会经济的快速发展，带来的不仅仅是物质财富，还有日益尖锐的各种社会矛盾。因此，为了实现社会的和谐，必须重视道德和精神文化的发展。高等教育的最终目标是促进学生形成完善的人格，实现个人的自我价值。因此，在本科专业设置中，必须强调价值哲学和人性教育，即使一个高校的定位是培养应用型人才，也不能忽视人文社会科学对学生的影响。提高人文社会科学在专业设置中的比重对于完善和培养人格至关重要。然而，我们不能否认的是，不论是人还是高等教育，都需要适应社会和市场的要求，这是一种规律。因此，在肯定教育具有实用性和经济性的同时，关键在于如何更好地将传授专业技能和培养完善人格结合起来，这是高校专业设置的关键所在。

3.专业设置权相对集中和要求自主的矛盾

尽管《中华人民共和国高等教育法》早已规定高校可以依法自主设置和调整学科、专业，但长期以来，高校本科专业设置权仍然相对集中。除了2002年教育部批准的6所高校具有自主专业设置权外，其他高校在进行专业设置或调整时仍需逐层上报备案。对于《普通高等学校本科专业设置目录》范围之外的专业，教育部仍保留核准审批权，对专业名称的统一和开设程序要求非常严格。《国家中长期教育改革和发展规划纲要（2010—2020年）》发布后，进一步强调了省级政府对所属高校的统筹，由省级政府负责设置和调整所属高校的学科、专业布局，权力仍然集中。然而，很多高校呼吁拥有更多的专业设置自主权，以便科学合理地规划学科专业的发展，促进学校和教师的积极性。

尽管有许多理论学家对教育优化问题有着独到见解，但实际上，高等教育是一个系统工程，各个方面相互关联。根据我国的实际情况，一方面，高校虽然拥有专业设置的自主权，但仅限于本科专业目录；另一方面，虽然许多高校的专业设置具有其传统特色或地域与行业特征，并且也会考虑社会需求和自身优势来确定专业设置，但根据目前我国高校专业设置的现状，大多数高校仍以自身利益为前提，明知不具备专业设置条件却仍大量招生，而一些有潜力为社会长远发展做出贡献的专业则被忽视。换言之，在自身利益的驱动下，让高校完全拥有专业设置的自主权是不现实的，这可能引发整个高等教育系统内部的混乱，进而影响社会的其他方面。因此，让高校完全拥有绝对的专业设置自主权也是不可行的，这需要一个长期过程来逐步实现。

第二节　职业教育专业设置与建设

一、专业设置的依据

（一）经济社会依据

1.经济发展水平

职业是社会分工的产物，社会分工是建立在私有制与劳动分工基础上的，私有制的存在引发社会分工，并出现劳动分工，这也是早期经济模式出现的契机，可以说，"职业"和"经济"两者的关系是牢不可破的。

在人类社会的早期阶段，由于社会生产力的低下，原始人群内部只存在着按性别和年龄划分的自然分工，而没有形成明确的社会分工。然而，随着生产力的不断发展推动，人类经历了三次重要的社会分工，每次分工都催生了新的产业和职业的产生。

第一次社会大分工发生在原始社会后期，使得游牧部落从其他部落中分离出来，形成了独立的生产和生活方式。第二次社会大分工发生在原始社会末期，将手工业从农业中分离出来。随着生产力的进一步发展，尤其是金属工具的使用，各种手工业生产逐渐独立于农业发展，如纺织、榨油、酿酒、金属加工和武器制造等。在原始社会瓦解、奴隶制社会形成时，出现了第三次社会大分工。这次分工带来了专门从事商品交换的商人，他们不直接从事生产，而是专注于商品的交换和流通。从这些变化可以看出，随着社会生产水平的不断提高，职业的增加和变化是不可避免的。不同的社会分工和产业的出现，为人类社会带来了更广阔的发展空间。

经济发展水平不同，其产业和职业存在较大的差异。正如古典经济学家亚当·斯密在《国富论》中所言："各种行业之所以各个分立，似乎也是由于分工有这种好处。一个国家的产业与劳动生产力的增进程度如果是极高的，则其各种行业的分工一般也都达到极高的程度。未开化社会中一人独任的工作，在进步的社会中，一般都成为几个人分任的工作。"

2. 技术水平

技术水平决定了专业设置的广度和深度。18世纪60年代以蒸汽机作为动力被广泛使用标志着第一次工业革命的诞生，人类的生产技术由手工技术过渡到机械技术，由工场手工业过渡到大机器生产的工业技术体系。蒸汽机的应用带动了纺织机、鼓风机、抽水机、磨粉机等机器的发展，进而带动了纺织、印染、冶金、采矿和其他工业部门的迅速发展。此外，由于蒸汽机极大地推动了社会生产力的提高，使棉花、布匹、煤炭及各种原材料和产品的运输成为十分突出的问题，直接推动了轮船、火车的发明，并从根本上改变了交通运输技术的面貌。工业革命机器的发明使得社会生产分为两大部门：生产生产资料的部门和生产生活资料的部门。生产生产资料的部门为生产生活资料的部门提供机器、设备、运输工具等，这些生产手段的应用使生产生活资料部门的效率大幅度提高，这种生产方式称为迂回生产，即先生产生产资料，再用生产出来的生产资料去生产消费品。例如，捕鱼的时候，放弃一天的收获，用这一天来编织渔网，以便今后能捕到更多的鱼。迂回生产提高了生产效率，而且迂回生产的过程越长，生产效率越高。随着科学技术水平的不断提高，迂回生产的过程变长，生产生产资料的职业和从业人数增多，这就是工业化过程，重工业的比重不断增加。

19世纪60年代起，一系列电气发明相继出现，在德国、美国、英国、法国出现了一系列以电力技术发展为中心的技术发明和技术革新，开辟了继蒸汽时代之后的又一个新的经济和技术时代——电气时代，这也是近代史上的第二次工业革命。电能与其他能源相比，具有能够实现快速、精确控制的优势，它作为动力能有效地促进生产过程的机械化、自动化。第二次工业革命使新兴工业部门异军突起，诞生了电气工业、石油工业、汽车工业、化学工业、电子工业和电话通信业等，在国民经济中逐步占据主导地位。随着工业、农业和交通运输业的发展。社会对于生产资料的需求不断增长，重工业作为生产生产资料的工业，在国民经济中的主导作用也日益显示出来。

总之，在两次工业革命中，随着产业结构的深刻变革，第二产业的职业种类增多，工业领域的职业数量和就业人数显著增加。19世纪，一些工业发展较快的国家，从事制造业、运输业、采矿业等工业活动的劳动力超过了从事农业生产的劳动力。

3.产业结构

目前，发达国家已进入后工业社会，第三产业占主体，形成了"三、二、一"的产业结构，第三产业相关职业占的比重越来越高；发展中国家生产力发展水平相对较低，产业结构表现为"二、三、一"甚至"一、二、三"的产业结构，社会职业主要集中在第一、第二产业。职业教育是面向大众的教育，因此，专业设置应考虑本国、本地区的经济发展水平。

（二）教育条件依据

1.教育资源

教育活动必须依托教育资源的存在而展开，具备怎样的教育资源，在很大程度上直接决定了职业院校的专业设置方向和设置能力，因此，单纯考虑专业设置是不合理的，需要将一切教育资源纳入参考范围内，通过对学校内外部资源等的整合提升学校综合实力，这样才能在尽可能理想的情况下进行专业设置改良。教育资源在教学条件中的必要性可以从以下4点看出：

（1）提供信息支持：教育资源为教师和学生提供了必要的信息支持。例如，图书馆、数字资源库和学习平台等提供了大量的学习资料和教学参考，帮助学生深入学习和扩展知识。教师可以利用这些资源进行教学设计和备课，从而提供高质量的教学内容和教材。

（2）创造学习环境：教育资源包括实验室设备、计算机和多媒体设备等，这些资源为学生提供了实践和实验的机会。学生可以通过实际操作和实验来巩固理论知识，并培养自己解决实际问题的能力。此外，教育资源还包括舒适的教室和良好的学习氛围，为学生提供良好的学习环境和学习条件。

（3）支持个性化学习：教育资源的多样性和灵活性可以支持个性化学习。学生在学习过程中具有不同的学习风格、节奏和需求，教育资源可以根据学生的差异性提供相应的支持。例如，多媒体教育资源可以以不同的方式呈现教学内容，满足不同学生的学习偏好和需求。

（4）提升教学效果：充足和适当的教育资源可以提升教学效果。教育资源的使用可以帮助教师创造生动和引人入胜的教学场景，激发学生的学习兴趣和积极性。例如，使用多媒体教育资源可以让抽象概念更加形象化，提高学生的理解和记忆效果。同时，教育资源的使用还可以提供反馈和评估机制，帮助教师和学生监控学习进展和成果。

综上所述，教育资源作为教学条件的依据，对于提供信息支持、创造学习环境、支持个性化学习和提升教学效果具有重要作用。教育资源的充足与合理利用可以有效地促进学生的学习和发展，提高教学质量和效果。因此，在教学改革和提升职业学校教育质量的过程中，充分重视和合理配置教育资源是至关重要的。

2. 相关专业

在开办新专业时，职业学校应该充分考虑学校现有的专业结构，这样可以实现与相近专业之间的资源共享，包括师资和实习实训设备等教育资源。这种资源共享有助于在短期内增强新专业的办学实力。然而，如果设置的专业与现有专业的跨度较大，相关性较低，就需要重新投入各种教育资源，这可能需要较大的投资。如果投资不足，将会影响新专业的发展。另外，一些教育资源并不是能够短期内满足的，如师资。即使硬件条件能够满足需求，但由于新专业刚开始的招生量较少，资源的利用效率也会较低。因此，在考虑开办新专业时，职业学校需要综合考虑资源利用效率、投资成本和专业发展的潜力，以实现合理的专业设置和可持续的教育发展。其重要性可以从以下4点来看：

（1）适应就业市场需求：专业设置是根据就业市场需求和行业发展趋势，有针对性地设计和开设各种专业方向。通过准确把握就业市场需求，学校能够提供与市场需求相匹配的专业教育，为学生提供更好的就业机会和职业发展前景。合理的专业设置可以使学生获得与市场需求对接的专业知识和技能，增加其就业竞争力。

（2）提供多样化学科选择：专业设置的多样性可以满足学生的不同兴趣和志向。学生在学校有机会接触各种专业领域，并选择符合自身兴趣和天赋的专业方向进行深入学习。通过提供多样化的学科选择，学校可以培养出更具个性和特长的学生，满足不同行业和领域对人才的需求。

（3）促进综合素质发展：专业设置不仅关注专业知识和技能的培养，还注重学生的综合素质发展。学校可以根据专业设置的要求，设计和提供相关的教学资源、实践机会和实习安排，以培养学生的创新思维、团队合作能力、沟通能力和领导能力等综合素质。通过综合素质的培养，学生能够更好地适应未来职业发展的挑战和变化。

（4）支持教学目标的实现：专业设置是教学目标的具体体现和实现路径。每个专业都有其特定的教学目标和培养目标，通过科学设置专业课程和教学计划，学校可以有针对性地指导学生在特定领域内的学习和发展。专业设置为学生提供了系统的学科知识和技能培养，帮助他们达到预期的学习成果和培养目标。

综上所述，通过适应就业市场需求、提供多样化学科选择、促进综合素质发展和支持教学目标的实现，合理的专业设置能为学生提供良好的学习环境和发展机会。学校应该根据社会需求和学生需求，合理设置专业，为学生提供多元化、有针对性的教育，从而提高教育质量和教学效果。

3. 生源的数量和质量状况

专业是职业学校培养人才的载体，因此，开办新专业必须考虑生源的数量和质量，生源的数量在很大程度上取决于当地潜在的生源数量，即职业学校所有的生源总量，但这些潜在的生源能否变成现实的生源还取决于学生的就业意向，即专业吸引力，现实中可能存在社会很需要的专业，但由于受就业观念等的影响，学生及家长可能对这一专业不感兴趣，如从前餐饮服务专业非常热门，但当人们的收入水平提高以后，在一些经济较发达的地区，这一专业越来越难招生。招生政策对生源数量有着重要影响，目前一些地区限制中等职业学校进行跨地区招生，导致它们只能依赖本地生源，从而严重限制了生源数量的增长。此外，生源质量也是一个关键因素，它主要受当地基础教育水平的影响。对于那些需要较高基础教育水平的专业，如动漫专业，职业学校应该考虑当地生源的质量，因为当地义务教育阶段的计算机科学教育水平将直接影响该专业的教学质量和培养效果。

在职业教育中，许多专业需要较大的投资，因此，专业设置必须具备远见和长远规划。因此，生源数量和质量是影响专业可持续性的重要因素。不仅需要考虑当前的生源情况，还需要预测未来的潜在生源情况。职业学校应该对现实生源状况进行综合评估，并对未来生源的潜在发展进行预测，以便制定合理的专业设置策略，确保专业的可持续发展。

4.国家或地方政府的教育政策

目前我国教育政策正从供给驱动向需求驱动转变，即从过去单一地向办学机构投资转变为向办学机构投资和给予受教育者补贴和资助，通过给受教育者资助和补贴来吸引受教育者接受职业教育或选择职业教育某些艰苦行业的专业。《中共中央 国务院关于2009年促进农业稳定发展农民持续增收的若干意见》中指出：加快发展农村中等职业教育，2009年起对中等职业学校农村家庭经济困难学生和涉农专业学生实行免费。国家的这一政策表明了国家加大对农科类专业的支持，因此，农村中等职业学校依据这一政策可以开设涉农类专业。政策对教育的支持能够带来这5个方面的好处。

（1）教育资源配置优化：政府的教育政策可以对教育资源进行有效的配置和分配。通过政府的干预和规划，教育资源可以更加公平地分配到各个学校和地区，确保教育条件的均衡发展。政府可以投入资金，改善学校的基础设施、教学设备和图书馆等教学资源，为学生提供更好的学习环境和条件。

（2）教育质量提升：教育政策可以促进教育质量的提升。政府可以制定和推动一系列的教育改革政策，包括教学内容的更新、教学方法的改进、教师培训的加强等。这些政策的实施可以提高教育教学水平，推动教育体系向更加科学、有效的方向发展，从而提升教学质量。

（3）教育机会公平性：教育政策可以促进教育机会的公平性。政府可以通过制定政策和规定，确保每个学生都能够享有平等地接受教育的机会。政府可以提供经济援助和奖学金等资助政策，帮助家庭困难学生获得良好的教育条件。同时，政府还可以推行包容性教育政策，为特殊教育需求学生提供适宜的学习环境和支持。

（4）教育体系协调发展：教育政策可以促进教育体系的协调发展。政府可以通过整合教育资源，推动不同层次、类型和领域的学校间的协作与合作，构建起一个完整的教育体系。这样的政策可以优化教育资源的利用，提高教学条件的整体水平，形成教育的有机衔接与协同发展。

（5）教育改革创新：教育政策可以推动教育改革和创新。政府可以提供政策支持和鼓励，激励学校和教师进行教学方法、教育技术的创新，探索适应时代发展和社会需求的新型教育模式和教学手段。这样的政策有助于提升教学条件的现代化水平，使学生获得更符合未来发展需求的教育。

综上所述，国家或地方政府的教育政策对教育资源的配置、教育质量的提升、教育机会的公平性、教育体系的协调发展以及教育改革的创新都起到了重要的指导和推动作用，对提高教学条件的质量和效果具有积极影响。

二、专业设置的技术规范

开设新专业需要解决确定专业内容和规模、制订专业办学计划，以及确定专业服务的对象这些基础问题。为此，我们可以从行业的发展趋势和社会需求出发，提出开发新专业的意向。接着，可以组织人员前往相关行业、企业进行调研，了解岗位需求，并参考教育部有关专业设置的文件，制订新专业的课程方案、教学计划和教学大纲等教学文件。同时，需要培养教师团队，选择合适的教材，并购置和配备必要的教学设施。

（一）分析当地产业结构或就业结构

职业教育的主要目标是为区域经济和行业需求提供服务。因此，职业学校需要对当地的产业结构和就业结构进行详细分析。这包括了解当地的经济社会发展规划和战略，重点了解当地的主导产业、优势产业、先导产业、支持产业等。通过分析产业和行业以及就业结构，结合学校自身条件，初步确定拟开设专业的服务对象。

（二）开展专业人才需求调研

开展专业人才需求调研是为了了解拟开设专业的毕业生在相关行业从业人员中的基本情况。这包括从业人员的数量、技术等级、年龄和学历分布结构、工资收入、企业人才招聘情况，以及未来人才需求趋势和对学历和职业资格的需求等。在调研过程中，除了考虑当地的人才需求外，还应该放眼全国劳动力市场，综合考虑整个行业的人才需求。同时，需要考虑人才需求的长期变化趋势，特别是教育的周期滞后性。

（三）调研区域职业院校专业现状

调研区域职业院校的专业现状是指了解在拟开设专业的区域内是否已

经有其他学校开设了该专业。如果该区域已有其他学校开设该专业，需要了解近年来该专业的招生情况、毕业生就业的主要岗位以及在职人员的培训情况，以分析培训需求趋势。通过分析该区域内该专业的供给情况，可以判断该专业在劳动力市场的供求关系。

三、专业设置需要处理好的关系

（一）专业口径[①]的宽与窄

1.专业口径宽窄的影响因素

专业口径的宽度和窄度与社会需求密切相关。对于那些在社会上需求广泛且技术要求较高的职业岗位，如数字控制、计算机、文秘、会计、金融、信息管理与信息系统等，应单独设置窄口径的专业，以确保学生在特定领域获得深入的专业知识和技能。

而对于那些社会需求较少的专业，可以将相似的职业岗位组合成职业群，作为设置专业的基础。对于一些具有相似的知识和能力结构、跨越多个行业的职业岗位群，可以以某一类技术作为设置专业的基础，使专业的口径较宽。

这种设置专业的窄口径和宽口径有助于更好地满足社会的需求。窄口径的专业可以提供深入的专业知识和技能，培养学生成为特定领域的专家；而宽口径的专业则能够覆盖更广泛的职业岗位，培养学生具备跨领域的综合能力。

因此，在专业设置中，需要根据社会需求的广泛程度和技术要求的高低来确定专业口径的宽度和窄度，以确保专业的设置与社会需求相适应，培养与市场匹配的高素质人才。

宽口径专业适应岗位变化的能力相对较强，但岗位针对性相对较弱；而窄口径专业和宽口径专业相比，其毕业生所学的知识更专、更深，但适应岗位变化的能力相对较弱。由于宽口径和窄口径专业既有各自的适应范围，又有各自的优缺点，在专业设置时要"宽窄并存""宽窄并举"。目前，普遍

---

①高等学校依据一定的专门化、精细化程度划分专业，对所培养人才的专业面、专业知识面或职业适应面的一种描述，如有"宽口径"之说。

采取的方式是基于某一行业或职业岗位群设置宽口径专业，以拓宽学生的专业基础，然后，在宽口径专业下设置多个方向，从而发挥窄口径专业的优势。

2. 专业口径宽窄带来的矛盾

在职业院校专业设置中，专业口径宽窄，即专业就业面大小可能会引发以下矛盾关系：

（1）就业机会与专业需求不匹配：如果某个专业的就业面过大，即就业机会相对较多，而实际该专业人才供给过剩，就可能导致就业市场上出现就业机会不足以满足大量毕业生的情况。这将导致毕业生就业难度增加，就业竞争激烈，甚至出现毕业生就业率偏低的情况。

（2）人才供需矛盾：专业就业面的大小与实际行业需求之间存在潜在的矛盾。如果某个专业的就业面较小，但行业实际需求较高，将会出现供不应求的情况，难以满足行业发展的需要。

（3）专业知识与职业能力脱节：专业就业面大小的不合理分配可能导致教育过程中过度强调就业导向，而忽视了学生的专业知识和职业能力的全面培养。如果专业就业面过大，可能会导致过于注重就业技能培养，而忽视了专业知识的深度和广度。相反，如果专业就业面过小，学生的就业能力可能无法得到有效培养，无法满足就业市场的需求。

（4）就业质量与专业声誉矛盾：专业就业面大小也会对毕业生的就业质量和专业声誉产生影响。如果某个专业的就业面过大，可能会引起社会对该专业就业质量的质疑，从而影响该专业的声誉和认可度。相反，如果某个专业的就业面过小，就业率低下，也会影响该专业的声誉和吸引力。

因此，职业院校专业设置中的专业就业面大小需要合理平衡，根据市场需求和行业发展趋势进行调整。只有适应行业需求，培养与市场匹配的高质量人才，才能更好地解决就业矛盾，提高毕业生的就业竞争力，令他们拥有于广阔的职业发展前景。

（二）专业的分化与综合

一线产业的工作一般都是具有综合性的，需要应用型人才而非理论型人才的参与，需要相应人才具备多门学科知识且能够熟练应用到工作中，这样才能快速解决问题，从这个角度来看，职业教育也必须有着综合性，因此，建设复合型、综合型专业教育才是教育的未来，其具体方式有3种：

（1）将具有相近性质的专业整合起来，如，旅游和酒店管理、商务英语和翻译等。

（2）把专业知识与实用技能充分结合在一起，提升"应试人才"的实践能力。

（3）某些较为复杂的专业可以先合后分，先建设综合性学科，在时机成熟后再独立发展。

（三）企业需求与学生需求

职业院校的专业设置既要满足企业对人才的需要，又要考虑学生的就业和职业生涯发展的需求，专业设置需要引导学生正确地进行专业选择，使企业需求和学生需求有机地结合起来，使职业教育真正成为让人民满意的教育。

（四）地域性和开放性

职业教育主要为本地区的社会经济发展提供服务，因此，专业设置具有明显的地域性。然而，强调专业设置的地域性并不意味着职业院校应该封闭办学，而是要注重开放性。忽视开放性不仅会影响学校利用某些专业的优势资源，还可能导致相邻区域出现重复建设某些专业，形成小范围内的竞争格局，进而降低学校的规模效益。因此，职业院校在设置专业时，首要考虑的是其地域性，确保所设置的专业能够为当地的经济社会发展提供服务，同时要兼顾专业的开放性，并妥善协调两者之间的关系。

四、职业教育专业建设的依据

（一）专业设置标准

专业设置标准的制定不仅要加强专业建设、确保人才培养质量和规范职业院校的办学行为，而且要为教育行政部门加强专业宏观调控提供科学依据。

专业设置标准是专业建设的最低或基本标准。目前，我国尚未制定职业教育专业设置的标准。然而，2008年教育部发布的《关于进一步深化中等职业教育教学改革的若干意见》明确要求建立中等职业学校的专业人才培养与需求预测服务机制，制定和实施专业设置标准，完善专业设置管理，及时更新专业目录，以引导和规范专业建设。

专业设置标准通常涵盖以下方面：专业培养目标、办学基本条件（包括教学经费和教学设施等）、专业师资配备（涉及师资队伍的数量和结构以及专业教师）、专业教学组织与实施（包括专业课程设置和教材选择）、实践教学（包括实习实训基地和实习管理制度）等。

通过制定和遵循专业设置标准，可以提高专业建设的质量和规范性，确保职业院校的教学水平和教学质量得到有效保障。同时，这些标准也为教育行政部门提供了指导，使其能够科学地进行专业宏观调控，以适应不断变化的社会需求和发展趋势。

（二）人才培养目标

教育是培养人的活动，专业是连接学校与经济社会的桥梁或纽带，专业必须围绕人才培养来建设。不同类型教育的人才培养目标不一样，职业教育专业建设要体现职业教育的办学特色。

直观来看，职业教育的人才培养目标就是培养综合型、应用型、技术型人才，这对职业教育提出了体系化要求，学校可以通过整合硬件条件和软件条件的方式协同完成工作，将教学内容和岗位工作结合在一起，通过校企合作、工学结合的方式帮助学生获得实干能力。目前，需要将教学建立在岗位基础上，而岗位是在行业需求基础上存在的，换句话说，职业教学离不开行业需求，这也是职业教育人才培养体系的核心思想和重要指导内容。

第三节　职业教育专业结构调整

一、全球产业结构调整中的职业发展和变化

我国经济已融入世界经济体系，职业也越来越受到世界产业结构和职业变化的影响，因此，我国需要借鉴全球产业结构和职业变化的一些规律，了解全球产业结构调整中的职业发展变化趋势十分必要。

我国产业结构的改变并非偶然，而是顺应了全球产业改革的浪潮，在过去50年当中，都在按照国际上的产业结构变化趋势对自身的产业结构进行动态调整，其改变特征体现在以下3个方面：

　　（1）各大产业结构所对应的生产部门（包括种植、采掘、制造业）都在从最传统的人力驱动转型为更富有科技感的形式，通过不断强化的科技手段提高产量以及产业服务质量，以求获取更高的产业经济规模，但这样的变化趋势也直接导致了许多行业对工作人员数量的需求超大幅度降低，因此，总体而言，生产产业的从业人员数量是呈现降低趋势的。

　　（2）产业当中的消费性服务部门与生产性服务部门涵盖的范围呈现增长趋势，而且随着其中蕴含的科技手段的增加，这些产业部门的服务质量也得到了一定提高，虽然同样存在因产业结构调整为高质量而裁减不必要生产人员的情况，但是由于业务范围的调整和规模的增加，服务型产业的从业人员数量整体处于上升阶段。

　　（3）知识经济概念的产生与广泛应用同样对产业结构变化造成了极大影响，在知识能够以极高的效率转化为生产力的情况下，传统依赖大量人力提升生产速度的方式已经被大规模淘汰，利用更加尖端的技术和高素质人才整体提升生产能力才是当今各行业的主流，也是产业结构未来发展的方向。

二、专业结构调整的原则

（一）发展性与继承性相结合的原则

　　职业教育的目标是为区域经济社会发展提供服务，而这个发展过程是不断变化的。因此，职业学校的专业设置应与区域经济发展规划相结合。它需要根据区域经济社会的发展情况、科技进步以及就业市场的变化及时更新和调整专业，积极发展适应新兴产业的专业。

　　考虑到职业教育是一项相对投入较大的教育，专业设置应有助于提高教育资源的利用效率和整体办学效益。因此，在进行专业调整时，需要兼顾学校的传统专业和骨干专业，巩固和提升这些专业的办学优势，以满足相关产业和企业对人才的需求。

　　关键在于正确处理发展性与继承性之间的关系，将满足社会发展需求与实现学校自身可持续发展有机地结合起来。只有这样，职业学校才能在推动区域经济社会发展的同时，实现自身的稳定和长远发展。

（二）适应性与差异性相结合的原则

为了确保职业教育能够基本满足产业发展与升级的需求，并抓住区域社会经济发展变化带来的机遇，职业学校需要与经济建设、科技进步和产业结构调整相适应，进行专业调整。这样可以确保人才培养的数量、质量和规格能够满足产业需求。

然而，现实中存在一些问题，如某些专业设立过于集中，可能导致人才供应过剩。因此，为了增强专业发展的活力和吸引力，职业学校应该注重培养和打造特色专业，走上与其他学校不同的发展道路。这样可以形成科学合理的专业结构布局，避免不必要的重复设置，以提升学校的竞争力和影响力。

（三）稳定性与灵活性相结合的原则

在这个知识经济对产业发展起到主导作用的时代，科学技术的进步越来越快，因此，各大产业的生产模式也面临不断调整，在科技进步的同时，社会对人才的需求也随之改变，正因如此，职业教育必须及时调整专业，以满足社会对人才的客观需求。学校的专业要想适应经济发展的需要，满足社会对人才的需求，就必须具有一定的灵活性，及时开发出新专业，改造和淘汰旧专业，才能对社会需求做出快速反应，与此同时，还要确保专业设置的稳定性，如果专业设置变动过于频繁且缺乏原则，那么同样会给人才供给带来很大不便。总而言之，灵活性和稳定性并举才是发展现代职业教育专业设置的不二法门，想要让专业设置能够满足社会对人才的客观需要，就要努力拓宽专业所对应的就业口径，并提升单一专业的综合性，将更多具有关联性的专业知识教育融合在一门专业中，提升学生在完成专业学习后的就业面广度以及知识的可用性，这才是将教育成果转化成真正的能力的最佳途径。

三、专业结构调整的内容

（一）变更专业名称

职业教育的专业面向职业、职业群（或岗位、岗位群）设置，由于科技进步和产业结构的调整，一些职业或岗位发生了变化，现有的专业名称不能反映专业的内涵，因此，需要新的专业名称取代旧的专业名称。比如电子专业，在20世纪80年代左右，当时这一专业名称为"电器维修"，因为电器维修本身就是当时的行业需求，后来随着科技的发展和"电器"概念的延展，"实用电子技术"取代了原本的"电器维修"专业名称，而在2000年前后，计算机行业的兴起带来了该专业名称和教学内容的新变化，"电子计算机专业"出现了，这也是专业名称变迁的一个缩影。

（二）发展复合型专业

传统专业基本都具备单一性，某一个专业往往就只包含与之紧密相关的知识和内容，但是专业是为工作服务的，大部分学生毕业后从事的工作都不是单一化的，至少不是某一门单纯的知识就能够解决全部问题的，何况现在无论是我国还是国际上都强调"综合性人才"的重要性，换句话说，在这个新的时代，岗位工作的复杂性对学科专业的设置提出了更高的、全新的要求，因此，在专业设置中嵌入更多复合型元素就成为绝佳的解决问题的方案，那么在设置复合专业的时候需要注意的问题有哪些呢？经过长期研究，笔者认为至少需要注意以下4点：

第一，我国工业正处于又一个转型时期，目前我国实施的工业战略为"新型工业化战略"，可以简单将其理解为高度依赖并与信息技术相结合的全新工业制造方法，这种全新的工业制造方法能够极大提升工业制造效率和精度等，但与此同时，也对机械设备的制造者和生产工作人员提出了更高的个人素质要求，如果工作人员不具备足够的信息素养和必要的文化学历，大概率无法胜任工作，可以说，未来的工业生产工作对人才质量提出了极高要求，打破了传统工业对低端劳动力大量需求的刻板局面，基于这样的大背景，在工业制造相关的专业融合过程中，可以找到工业和其他行业的"交点"，如工业和美术相融合的动画相关制造专业。依照这样的思路，完全可以由工业和其他行业衍生出多种具有高度实用性的复合专业。

第二，很多语言类专业都具有很高的局限性，其学习的主要知识只和该语言有关，不仅学到的知识具有单一性，更重要的是，如果找不到完全对口的特定岗位，学生学到的知识也很难帮助其在其他行业有所作为，很多时候专业知识会成为鸡肋一样的存在，但是如果将语言专业和商务专业、师范专业、旅游专业、信息技术专业等进行一定程度的融合，就能够得到许多更具备实用价值的专业，如商务外语、外语教师、旅游外语以及翻译软件的编程人员等更容易找工作的专业，如此一来，不仅提升了当前专业的实用性，而且也能够提升学生的就业率，从客观角度降低当今的就业难度。

第三，产生学生就业困难、专业作用单一这些问题的原因也不仅仅是其知识缺少复合性，还在于专业课程设置过程中缺乏实用性内容教学，只教会学生专业知识但并没有传授必要的专业技能。比如，旅游专业的学生背下来了各种不同旅游沿线的风景名胜、人文背景和历史知识，但是偏偏没有从专业课上学到如何与游客打交道、怎么才能更好地服务游客，那么这门专业课的专业性就显然是不够的，要知道，"专业"本身就代表了对一门学问钻研到极致，专业知识只是构成"专业"的一小部分，如何将这些专业知识运用到实际的工作中才是更加重要的课题，也正因如此，才有了当前的餐饮管理与制作、服装历史与现代服装设计等兼具了知识学习和实际应用的专业设置。

第四，生产与服务的复合是现代企业发展的一个重要趋势。除了注重产品生产外，企业还需要加强产前和产后的服务。这意味着需要拥有既了解生产技术又能有效地为客户提供服务的人才。随着市场需求的变化和竞争的加剧，企业意识到仅仅提供产品是不够的，还需要提供与产品相关的增值服务，以满足客户的需求并增强竞争力。因此，企业需要培养具备全方位技能的人才，他们不仅要懂得产品的生产过程和技术，还要具备良好的沟通和服务能力，能够与客户有效的互动并提供满意的售前和售后服务。这种生产与服务的复合要求企业在人才招聘和培养上也十分注重综合素质，企业员工具备产品知识、技术技能和良好的沟通与服务能力，能够适应现代企业发展的需要，企业才能在市场竞争中脱颖而出，实现可持续发展。

（三）发展综合型专业

在生产活动中，当一个产业的发展潜力已经耗尽，或者出现某种难以直接商业化的新兴产业后，所有人对其的第一想法可能都是"产业融合"，同样的理念也完全可以应用到专业设置工作中，对于不好就业的、就业前景不够广阔的专业，院校完全可以在国家允许的范畴内对不同专业进行适度融合。

四、专业结构调整的注意事项

（一）应缩短专业目录修订周期

为应对科学技术进步周期缩短、经济全球化发展竞争激烈等局面，应缩短专业目录修订周期。例如，德国要求所有学校每一年都要提供专业目录，因此对所有学校的专业变更等情况能够有更深入的把握，且会随时督促各大院校在社会经济、产业发生变化的时候根据实际情况和就业岗位等方面的不同修订专业，并在后续监督专业与名称是否相符。

（二）以国家专业目录名称为准

职业学校的专业不仅是培养人才的重要组成部分，也是连接经济社会的桥梁。专业的选择不仅关乎学生个人的就业前景，还涉及国家教育资源的合理配置以及与经济社会发展的适应性。因此，为了确保专业设置的有效性，国家必须制定各级各类教育的专业目录，以提供指导各专业院校合理设置专业的依据。

专业目录中的专业名称应准确地反映出专业的内涵和本质，不能随意命名。随着社会分工的不断发展，一些专业逐渐呈现细分和专门化的趋势，因此可以考虑设立一些专业的专门化方向。对于全新的专业，应严格进行专业名称的论证，并提交主管部门审批。

通过制定规范的专业目录和严格的专业命名程序，可以确保专业设置与社会实际需求相匹配，有效地引导职业学校开展合适的专业设置，从而更好地满足社会发展的需要，并为学生的个人发展和国家教育事业的发展做出积极贡献。

（三）按照程序调整专业

好的专业对人才培养的作用是不可估量的，学校是人才培养基地，专业就是人才培养的载体，专业变动意味着整个人才培养模式和培养内容的变化，对学校的教学来说具有牵一发而动全身的影响。现实中，一些人认为专业是课程的一种组织形式，而课程内容是可以不断调整的，因此，顺理成章地认为专业也是可以经常调整的，其实该观点混淆了局部课程改进与课程体系改革的关系，专业调整是整个课程体系的改革，而不是局部的课程改进。因此，专业调整必须遵循严格的程序。

（四）降低单次涉猎专业数量

职业教育所需要的资金投入远远高于普通教育，其成本至少为普通教育的2倍，各种设备的购置与保养以及后续的实习等事项都需要花费大量资金，因此，如何更好地利用这些资金对学生进行合适的教育就成为当今专业教育专业设置与调整中亟待解决的难题，毕竟，实训既是教学重点也是教学难题。对于这一问题，在学校的资源和精力都有限的情况下，很难有完美的解决方案，因此，不论是设置新的专业还是对原本的专业进行相应调整，学校都要分开进行，单次设置的新专业以及调整的专业数量要严格把控，将每个专业的资金供给充足，确保其能够发挥应有的作用后再进行其他专业建设。

第四章　高职教育专业设置缺陷分析

第一节　高职教育专业设置问题概述

一、政策基线回顾

（一）酝酿、讨论及分区域实施阶段

1998年，高等职业教育在我国开始起步，回过头来看，2004年前，高职教育主要以高等专科和本科专业目录作为依据，不仅缺乏全国统一的专业目录，也没有统一规范和命名，尚未像后来那样，出台了很多相关的管理办法或细则。为了使高职教育人才模式具有应用性与适应性特征，教育部专门颁发了《关于加强高职高专教育人才培养工作的意见》，意见明确指出：高职教育的专业设置要努力适应技术领域和职业岗位，要尽快出台相关专业的设置指南。按照这一要求，结合国民经济发展阶段和行业分类，上海市于2000年颁布了《上海高等学校高职高专指导性专业目标和专业介绍》，初步确定了12个专业大类和129个细分专业。随着时代发展，2003年再增加40多个新的专业，并于当年颁布了专业目录的升级版。之后北京、湖北等地方政府，也结合当时的经济形势和相关行业发展需要，尝试制定和设置具有地方技术领域特色的管理专业，形成了具有鲜明地域特色的专业设置与管理机制。2003年，教育部根据国家需要，对《中等职业学校专业目录》进行了全面升级。新目录共分为12个专业大类，270个专业，成为高职教育专业设置较为权威的参考依据。但我们也应该看到，由于当时的高职教育属于教育部高教司管理，部门之间管辖范围不同，导致相互渗透得不够深入。

但我们必须看到，除个别区域开始尝试开拓高职教育专属发展路径外，

大多数高职院校依然参照本科院校或高等专科学校的专业模式设置专业，并按照过去的方式运行。笔者认为这一现象长期存在的主要原因有以下4个方面：第一，缺乏顶层设计。主要是因为高职院校在成立初期，国家人才严重缺乏，用人短缺的环境导致学校在开展专业设置与建设时，无须过多相关配套政策。第二，高职教育与本科教育均由教育部高教司管理，因此高职教育被自然界定为高等教育的一部分。第三，高职院校的师资力量主要来源于本科院校，他们借助个人经验开展专业建设工作，使高职教育与本科教育同质化非常严重，没有必要做硬性区分。第四，由于本科录取人员较少，高职教育被誉为高考"立交桥"和"缓冲器"，为"主道"起到了巨大的分流作用，而国家系统的、长效的专业设置管理策略尚在酝酿之中。

（二）全国政策起步阶段

2004年，教育部针对国家教育形势、行业人才特点，颁布了全新的《普通高等学校高职高专教育指导性专业目录（试行）》。该目录结合国家产业类型，初步设置了19个专业大类，78个专业门类和532个细分专业。为确保新目录有效运行，同时出台了配套的专业设置管理办法，并设置了"三级管理，两年更新"的"三二"原则。所谓三级管理，就是指高职高专在专业范围内可以按照目录自主设置专业，主要由省级教育行政部门核定与备案即可，备案后由教育部高等教育司汇总公布，之后作为统一招生的依据。所谓两年更新，就是指教育部有权根据产业发展及岗位变化情况，每两年调整一次专业目录，各高职高专学校依据该目录再进行调整。与此同时，教育部还有三个导向性的规定：第一，对于目录外的专业必须实行听证制度，确保学校办学的导向正确；第二，新增专业数量及权限要与院校的人才水平评估结果挂钩，确保新专业的教学水平不下降；第三，毕业生平均就业率连续3年不得低于本省的同类专业，如果未达标，高职学校将被责令减少或限制招生。强制性、导向性的规则规制，推动省级教育行政部门和所属学校成为人才培养池和利益共同体，有力支撑地方政府与高职院校共同谋求"区域发展大计"。但我们也应该看到，尽管"三二"原则是一种进步，但由于省级主管部门为了让所属学校应对人才培养水平评估，在执行一段时间后出现了千篇一律、事无巨细的评估指标体系，把数量、规模等可以获取经济利益的数据放在首位。有很多地方没有严格审核专业发展与学校办学定位的合宜性，将专业设置审核变成了一种松散的管理形式，申报专业的学校只要将相关的信息填报完整，"专业设置评议委员会意见"就可以通过省级主管部门的核定。导致不少高职学校以招生数量为目标，以整合校内资源为事业，甚至不惜"借船出海""借鸡生蛋"，在校内资源不充分的情况下，东拼西凑后出具新的专业设置报告，为争取更多的招生人数而忽略了自身的办学质量。许多院校更是在一个专业下将多个专业培养方向单列出来，作为扩展招生规模的理由。2004年版的专业目录经过10年运行，到了2014年，高职教育的专业数由532个增加到1170个，专业大类和专业类保持不变，就是这样催生的。例如，有的学校将"市场营销"专业下面分出"汽车营销""珠宝营销""地产营销"等多个培养方向，过窄的培养方向也致使部分专业人才过剩，个别小众专业，毕业即失业的现象已经成为常态，很多专业技能过低的大学生由于过窄的培养方向缺乏一技之长，很多高职院校也因为专业过窄、过滥影响了学校后续招生。

客观地讲，2004—2014年10年间，高职教育取得的成绩有目共睹，但存在的问题也一目了然。这一阶段在高职教育发展史上具有里程碑意义。从市场发展对人才的需求上看，专业在院校发展中的地位得到了提升，专业设置规模与社会需要同步；高等教育扩招与人才需求互为衬托，推进了高等教育大众化进程，客观上也提升了全面的受教育水平。但我们也应该看到，高职院校扩招也存在以下4方面问题：一是专业设置管理具有功利主义导向；二是专业设置与时代脱节，未能紧跟时代产业发展变化；三是2011年高职教育由高教司转由职成司管理，高职教育管理部门更换导致部分专业设置不合理；四是区域教育行政部门缺乏实施严格开展审核、监测、预警和调整工作。因此，笔者认为，2004—2014年，是高职教育效益与质量相悖的10年，是对外奉献与对内耗损并存的10年，是艰苦探索自我更新的10年，也是10年磨剑厚积薄发的10年。

（三）修订阶段

2015年，教育部认真回顾了10年来产业结构的转移状况和高职教育发展的现实水平，在充分吸取过去的经验教训后，颁布了新的专业目录与管理办法，在继承2004年版的目录优点基础上，针对以前存在的问题，进行了一定程度的调整。

本次调整注重高职教育与产业的对接，重点应用"大职教"核心理念，通过合并、更名、保留、新增、取消等5种调整专业策略，最终对三个产业各类专业进行了统筹梳理，共计在三个产业内设置747个专业。其中，第一产业设置了51个专业，第二产业设置了295个专业，第三产业设置了401个专业。并通过专升本打通了教育内部"中职—高职—本科"衔接通道，其中共完成中职专业衔接306个、本科专业接续343个。通过顶层设计，使高职教育能够由过去的"断头桥"变成立交桥，从功能结构上提升了高职教育招生的吸引力，从效果上看，为高考偶然失误者创造了重新起航的机会。

我们对照2004年版的高职教育专业目录与2015年版的高职教育专业目录，不难看出，两者内在联系紧密，外在变化清晰，期间调整稳中有变，在保留、裁撤和新增3个维度上出现较大变化的地方。本次调整，表现出几个明显的特点：

（1）坚持实事求是原则。在新目录出现的78个专业类中，调整后专业数量保持不变的有12个，变化的有66个。12个不变的专业主要集中在资源环境与安全大类的煤炭类、能源动力与材料大类的黑色金属材料类、非金属材料类，以及公安与司法大类中的公安指挥、公安技术及侦查类专业等。不变的原因是该产业发展较为传统，该行业对岗位技能的要求相对稳定，也有该产业的转型较慢、人才创新还有待提升的因素。而对于公安与司法类的国控专业，由于该专业属于国家安全类人才培养载体，管理模式一旦形成容易固化，只在专业课程设置上有所改变即可。

（2）坚持满足市场需求的原则。新设置的专业目录，在2015年基础上减去农林牧渔大类、生物与化工大类、电子信息大类等18个专业大类，艺术设计类裁撤掉29个专业，由原来的54个调整为25个；建设工程管理类、水土保持与环境类、生物技术类、食品工业类、药品制造类、通信类专业和市场营销类专业等7个专业类数量缩减超过2/3。新设置的专业目录从国家发展大局出发，着眼于产业发展及技术更新，对过于细化的专业设置系统整合，将专业设置与国家产业链的伸缩结合起来。尤其是在信息化领域表现尤为突出，2015年新设置的专业目录，将2004年版的网络软件、游戏软件、智能手机软件、医用软件等8个专业整合为软件技术专业；将2004年版的禽类、猪、草食动物等单个动物类驯养与疾病防治技术培养8个专业整合成2015年设置的畜牧兽医专业，从根本上解决了原来专业培养面向过窄、就业择业难和失业高的问题。

（3）坚持满足现实需要的原则。随着制造业的业务范围不断拓展、技术人员培养等各方面发展均得到了进一步的重视；由于"文化自信"道路的提出，民族文化传承及遗产保护开始得到重视，相关专业增速较快。总体来看，2015年的专业目录设置充分考量了国情国策，在总体专业数量大幅压缩的同时，新修订的专业目录在9个专业类上增加了部分专业数量。增加覆盖面最广的专业大类包括铁道装备类、航空装备类、传播与海洋工程装备类合计新增专业6个；增加幅度最大的专业大类是民族文化类专业，由原来的1个专业增加到7个专业；增加跨度最大的专业大类是人口与计划生育类专业，由原来的零设置变为2个，实现了从无到有。

总而言之，2015年的专业目录修订，结合了国家发展阶段，参照了产业发展需求，通过合并等整合策略体现了高职专业的设置格局，并在一定程度上克服了原有专业口径过窄、分类过细、人为制造专业等弊病。但我们也必须看到，由于自2004年以来所形成的专业设置管理惯性发展过快，造成的教育与产业不同步，致使某一阶段的专业目录设置很难在短时间内完全改变和革除高职院校业已形成的专业布局。可以说，国家产业政策的成熟程度决定高职院校专业目录设置的成熟程度。

（四）成熟阶段

高职人才是产业发展的基石。近年来，党中央、国务院十分重视高职人才的培养工作。2021年4月，习近平总书记出席全国职业教育大会。2021年10月，中共中央办公厅、国务院办公厅印发《关于推动现代职业教育高质量发展的意见》（以下简称《意见》）。《意见》强调，在全面建设社会主义现代化国家新征程中，职业教育前途广阔、大有可为；要加快构建现代职业教育体系，建设技能型社会，弘扬工匠精神，培养更多高素质技术技能人才、能工巧匠、大国工匠，为全面建设社会主义现代化国家提供有力人才和技能支撑。

随着高等教育机构就学人数与日俱增，以及我国就业市场对具备必要认证和资格的专业人员需求不断上升，促使越来越多即将毕业的大学生和年轻的专业人士通过职业考试培训服务提高竞争力和就业机会，因此职业考试培训行业较整个非学历职业教育培训行业增长更快。根据弗若斯特沙利文[1]报告，我国非学历职业教育培训行业市场规模从2016年的1205亿元增长至2020年的2026亿元，复合年均增长率（CAGR）为13.9%。

由于我国就业市场竞争激烈以及有利的政府规则和政策，还有其他因素的推动，我国的职业考试培训行业有极大的增长潜质。根据弗若斯特沙利文报告，我国职业考试培训行业市场规模从2016年的325亿元增长至2020年的646亿元，CAGR为18.7%。由于科技的不断进步及移动设备的普及，我国职业考试培训服务已从单一的线下课堂模式转为线上与线下相结合的模式。

1. 职业教育市场规模

2014—2020年我国职业教育市场规模总体呈逐年增长态势，从3416亿元增长至6530亿元，CAGR为11.40%。通过估算，2020年我国职业教育市场规模达到6530亿元，较2019年增长13.37%。

2. 职业教育行业细分结构

2014—2020年，不管是职业学历教育还是职业培训行业都在蓬勃发展，2020年职业学历教育市场规模达到4 120亿元，职业培训市场规模达到2 410亿元，CAGR分别为11.07%与11.40%。从比例上来看，近年来，职业培训规模占总规模稳定在63%的水平。

3. 在线职业教育市场发展现状

中国职业教育市场发展空间巨大，在2020年，在线职业教育市场发展迅速。2020年市场规模为3221.9亿元，同比2019年增长18.50%，占总职业教育市场规模的49.34%。同比提升2.14%，在线职业教育驶入发展快车道。

---

①弗若斯特沙利文：1961年成立于纽约，是一家企业增长咨询公司。

二、现有机制分析

《普通高等学校本科专业目录》经过累年修订，越发严谨且贴合高职教育的实际需求。

2012年版《普通高等学校本科专业目录》的学科门类与国务院学位委员会、教育部2011年印发的《学位授予和人才培养学科目录（2011年）》的学科门类基本一致，分设哲学、经济学、法学、教育学、文学、历史学、理学、工学、农学、医学、管理学、艺术学12个学科门类。新增了艺术学学科门类，未设军事学学科门类，其代码11预留。专业类由修订前的73个增加到92个；专业由修订前的635种调减到506种。其中哲学门类下设专业类1个，4种专业；经济学门类下设专业类4个，17种专业；法学门类下设专业类6个，32种专业；教育学门类下设专业类2个，16种专业；文学门类下设专业类3个，76种专业；历史学门类下设专业类1个，6种专业；理学门类下设专业类12个，36种专业；工学门类下设专业类31个，169种专业；农学门类下设专业类7个，27种专业；医学门类下设专业类11个，44种专业；管理学门类下设专业类9个，46种专业；艺术学门类下设专业类5个，33种专业。

2012年版《普通高等学校本科专业目录》分为基本专业（352种）和特设专业（154种），并确定了62种专业为国家控制布点专业。特设专业和国家控制布点专业分别在专业代码后加"T"和"K"表示，以示区分。

《普通高等学校本科专业目录》中所列专业，除已注明者外，均按所在学科门类授予相应的学位。对已注明了学位授予门类的专业，按照注明的学科门类授予相应的学位；可授两种（或以上）学位门类的专业，原则上由有关高等学校确定授予其中一种。

2015年教育部在颁布《普通高等学校本科专业目录》的同时，配套下发了专业设置管理办法及运行机制。被业内人士概括和描述为"523"，即"五参考、二依据和三管理"。

第五次修订目录于2020年颁布实施，在《普通高等学校本科专业目录（2012年）》基础上，增补了近年来批准增设的目录外新专业，形成了最新的《普通高等学校本科专业目录（2020年版）》并予以公布。

根据《普通高等学校本科专业设置管理规定》（教高〔2012〕9号），教育部组织开展了2021年度普通高等学校本科专业设置和调整工作。经申报、公示、审核等程序，对各地各高校向教育部申请备案的专业予以备案；并根据高等学校专业设置与教学指导委员会评议结果，确定了同意设置的国家控制布点专业和尚未列入专业目录的新专业名单，于2021年12月10日将备案和审批结果予以公布。本科专业类型结构和区域布局结构进一步优化，高校主动服务经济社会发展的意识和能力进一步增强。

当前，我国职业教育的总体发展重点突出体现在以下5个方面：

1. 推动职业本科教育稳中有进

国家教育部（前身为国家教委）一直是高职教育的领导者。无论是过去还是现在，各级教育厅按照人才发展战略总体要求，强化顶层设计，制定指导意见，明确职业本科教育的办学定位，确立职业本科教育发展路径，通过与时俱进的培养目标、培养方式、办学体制，不断提升办学质量，满足国民经济发展对高职人才的特殊需求。教育部始终以培育人才为根本，不断完善职业本科学校设置标准和专业设置办法，支持符合条件的国家"双高计划"建设单位独立升格为职业本科学校。教育部还坚持教育服务于发展的原则，支持推动产教深度融合，通过升级专科专业，试办职业本科教育等方式，打造了多个办学特色鲜明、质量较高的高等职业学校。我们还以部省合建、"小切口""大支持"的方式，在全国范围内遴选建设10所左右高水平职业本科教育示范学校，形成了示范标杆。目前通过通道的建立，全国专升本的比重已达20%，下一步，更多的职业学校毕业生将会获得更多接受高质量的职业本科教育的机会。

2. 推进中等职业教育多样化发展

各级教育厅坚持因地制宜，因时制宜，主动调整定位，推动中职学校从单纯"以就业为导向"转变为"就业与升学并重"，重点抓好符合职业教育特点的升学教育。很多学校在保障学生技术技能培养质量的基础上，持续加强文化基础教育，不断扩大贯通培养规模，有效打开中职学生的成长空间。他们还通过优化中职学校布局，实施达标工程，力争用3—5年时间打造培育1 000所左右国家级优质中职学校，满足新时期社会主义建设的客观需要。

3. 使"职教高考"成为高职招生主渠道

2022年，教育部不断总结以往经验，持续完善"职教高考"顶层设计，更好发挥政治"指挥棒"的作用，加强标准建设。通过严格的考试制度，确保考生安全规范、公平公正；通过优化"文化素质+职业技能"的培养方式，让学生接受更多的高等职业教育入学方式和学习方式；通过扩大职业本科、推进职业专科布局，提升"职教高考"招录学生比例，使"职教高考"成为人才输出的主渠道。

4. 推动职业教育数字化升级

要通过信息化的有效融合，建设职业教育数字化"1+5"体系。要以数字化转型为契机，整体驱动教学模式和治理方式变革。要持续开发优质数字教学资源，推动建设数字化、融媒体教材的普遍应用，提升高职教育的总体水平。要加快虚拟仿真实训基地建设，启动职业学校信息化标杆学校建设试点，让高职院校的学生学习更为直观。

5. 打造职业教育内涵建设工作闭环

要加强标准建设，优化高职专业布局，健全高职质量保障体系，落实《职业学校学生实习管理规定》，使高职教育学习规范化，知识体系化。要注重学以致用，强化学生动手能力，通过认真做好实习工作、加强实习专项治理、做好实习考核等方式，切实为高职人才成为大国工匠建立可行的智慧通道。

三、高职教育专业设置存在的主要问题

（一）部分专业扩张缺乏理性

我国高职院校虽然发展迅速，但是在发展中依然存在许多问题，直接影响了人才培养质量与速度，其中比较显著的问题之一在1999年就初露端倪，那就是因高考扩招间接导致的某些专业招生人数的过度膨胀，甚至有6年职业学校的招生人数超过了本科学校，2006年职业院校的招生人数最为夸张，比本科院校多出足足40万人。而为了应对这样的情况，国家也实施部分方案予以调整。比如2003年教育部在对高职院校的人才进行综合水平评估后，将院校的专业人数直接与院校的评分水平挂钩，换句话说，在人才培养方面表

现越好的高职院校可以招收更多的学生。虽然政策本身没有太大问题，但是当时我国的教育资源有限，为了争取更多生源与国家的支持，高职院校纷纷扩张当时最流行的专业人数并盲目增设新的专业，在资金和经验都比较匮乏的时期，大量高职院校设置了一些必要性很低的专业，也导致一些专业的人数远超正常水平，虽然专业人数看起来极为庞大，但是整体而言严重缺乏学校本身的办学特色，发展策略高度相似，直到2015年前后，这种恶性竞争和盲目扩张新专业的行为才在国家的调解下逐渐消匿于无形，我国的高等职业教育再次走上应有的发展轨道。

（二）专业成本制约人才数量

教育资源不足、没有足够的资金用于教育是很多职业学校都难免要经历的难题，但是即便经济能力有限，职业教育也必须以最低的标准完成，这是职业学校存在的目的，因此，一些职业学校为了保证招生数量，就会选择对一些培养成本低、基本没有场地要求和实训要求的专业进行大规模扩招，其中比较典型的就是管理专业和金融类专业，这些专业的理论知识非常多，院校完全可以在几乎没有设备和实训基地的情况下完成教学。虽然这些专业培养的是社会需要的人才，但是这样的培养方式存在两个非常严重的问题：第一，只有理论知识而没有实际训练的教学只能够满足部分专业的基本学业要求，并非最合理的培养方式，实际上就算是会计出纳、管理人员也是要经过大量模拟训练才能够具备基本的岗位能力的，否则所有的理论知识不过是纸上谈兵，根本不足以满足工作要求，通过这样的方式培养出来的所谓人才有一定的能力，但是工作能力低下，还需要经过长期的岗位磨合才能将专业能力转化成职业素养，这也导致了许多大学生毕业后被认为"高分低能"，其实责任并不完全在学生本身；第二，专业人数的盲目扩张还会带来一个严重问题，那就是某些行业的人才数量过剩，人才输出速度严重高于所需，会有大量毕业生找不到工作，且由于专业教学内容比较单一，在无法找到完全对应专业的岗位工作的情况下，这些学生还不具备从事其他工作的能力，这也是某些专业被认为就业难的主要原因。

以上问题的存在对高职院校的发展和学生就业产生了一定的负面影响，需要引起重视，并采取相应的措施来加以解决。

（三）存在专业设置的"跟风跟热"现象

究其本质，职业教育是要培养能够从事相对应的工作的人才，职业学校的专业设置必须充分考虑到市场需求和产业问题，不仅要着眼于当前的产业现状，还要具有前瞻性地根据可见的未来产业情况进行调整，在设置新专业的时候要基于产业的变化。这样的做法只能在理论上确保专业设置的可行性和专业性，但是落实到实际应用上还需要做出许多有针对性的调整，否则如果只是盲目"套模板"，则根本无法充分发挥专业的作用。比如，在计算产业展现出明显的兴旺态势的时候，我国许多职业院校罔顾合理性地设置了大量相关专业，而且每个专业的招生人数也明显超过了所需，这种盲目跟风的行为造成了严重的恶果：一方面是培养出了大量计算机专精人才，但是在毕业生数量远远超过职业所需的数量的情况下，许多毕业生都面临着就业难题，想要找到对口的工作异常困难，而想要从事其他工作又缺乏相应的技能，从而进退两难；另一方面，在盲目开设新专业的过程中，职业院校并没有投入过多资源和精力仔细研究产业相关行业的细节，因此，无论是在专业能力培养，还是专业知识设置方面都存在诸多缺陷，导致的直接后果就是毕业生具备一定的专业能力，但是仔细比对又会发现其并没有明确的对应行业，专业能力与产业相关，但是并没有明确就业方向，由此引发的结构性失业会带来诸多恶果，也是国家着力调节这种胡乱开设新专业的现象的根本原因。

2017年，我国足足有64所高职院校跟风开设了"大数据应用与技术"专业，并在没有明确的教学思路的情况下大量招生，2018年的时候，我国开设"大数据应用与技术"专业的高职院校已经高达212所，短时间内同质化专业的增长率达到惊人的231%。而在2018年，有226所本科院校新设了"数据科学与大数据"专业，2017—2018年本科院校的总设置数量已达476个。同样地，从2013年开始设置的"工业机器人技术"专业已经有523所高职院校开设，平均每年增加88个设置数量。2018年，本科院校也有108所开设了"机器人工程"专业，连续2年成为新增专业数量第二名。对于同类专业而言，如果本科院校的培养规模过大，将会压缩高职乃至中职教育毕业生的就业机会，甚至导致失业问题，毕业生的就业出路受到限制。在一项问卷调查中，37.3%的参与者认为其所在学校存在"跟风跟热"设置专业的现象。因此，高职院校必须考虑校内现有资源和专业结构，谨慎设置或不设置那些与现有专业互助性和共享性较低的专业。

（四）高校及职业院校的普遍问题

1. 封闭性和僵化性

一些职业院校的专业设置可能存在封闭性和僵化性，即过于依赖过去的行业需求和就业市场情况，无法及时适应新兴行业的发展和技术变革。这导致一些专业的知识和技能无法跟上时代的步伐，毕业生在就业市场上可能面临就业困难。

2. 缺乏多样性和灵活性

过于狭窄的专业口径可能导致专业的单一性和缺乏多样性。这可能限制了学生的选择和发展空间，使他们在毕业后的职业道路上缺乏灵活性。同时，随着行业的发展和职业的多元化需求，仅凭单一专业的知识和技能可能无法满足就业市场的要求。

3. 脱节行业需求

专业口径的制定往往是基于对行业需求的预测和分析，但这些预测可能存在一定的不准确性。如果专业设置与实际行业需求脱节，可能导致毕业生的就业能力与市场需求不匹配，造成就业率低下和人才浪费的问题。

4. 技术更新滞后

某些职业学校专业口径可能无法及时跟上技术的快速发展和更新。技术的进步和变革对于一些行业而言是常态，但如果专业口径无法及时调整和更新，学生在学习期间所接触到的技术可能已经过时，无法适应行业的实际需求。

5. 就业能力培养不足

专业过度侧重理论知识而忽视实践技能的培养可能导致学生在毕业后缺乏实际操作能力和就业竞争力。职业教育的目标是培养适应市场需求的应用型人才，而专业口径不合理或不足以满足市场需求的专业知识和技能培养，将影响学生的就业前景和职业发展。

第二节　高职教育专业设置的本体缺陷

一、身份认同悬垂与专业发展主体意识淡薄

高职院校的发展基础对于身份建构至关重要。现有的高职院校主要是根据1996年的"三改一补"政策要求，对4种不同类型的院校进行改建或新建而成的。由于这些改建前的院校类型和层次各不相同，因此，组建后的高职院校面临着基础薄弱、历史短暂、沉淀不足、认同度低等困境，导致其在身份认同方面存在模糊和悬垂的问题。特别是高职教育的身份定位问题，即是以"高"还是以"职"为主、属于"层次"还是"类型"，直接影响着高职院校专业育人的方向。

在1998—2004年期间，高职教育被界定为"高等教育"，因此专业发展基本上依赖于本科院校的模式。这意味着在专业设置上存在着对模式的依赖，在专业育人上存在着对目标的依赖，在专业教师培养和晋升上存在着对路径的依赖。这个阶段的高职专业教育被形象地称为本科的"压缩饼干"。然而，随着高职教育定位为"职业教育"的呼声不断高涨，高职教育的专业育人目标被定义为培养"技术技能型人才"。在这一阶段，高职教育的专业发展被讽刺为夹在本科和中等职业教育之间的"夹心饼干"。

总之，无论是"压缩饼干"还是"夹心饼干"，都表明高职教育的专业发展缺乏自主创新意识，其身份认同的定位不明确导致其专业发展无所适从。

二、资源竞争的功利主义与专业设置的难以自我操持

高职院校作为一种实体，也具备个体生存的生命特质。法国生命哲学家居友（Guyau）认为："生命只有扩散自身，才能维持自身。"为了保障自身的生存，高职院校采取了破解政府"扶强"而非"扶弱"和"扶特"的马太效应的策略。它们短时间内迅速增加专业数量，通过规模来争夺地位，通过地位来争取资源。这种以数量换取数量的运作方式背后必然追求以最小

成本获取最大利益的"帕累托最优"。因此，在这场资源争夺的"竞标赛"中，大多数高职院校通过扩张专业来追求速度、规模和利益的增长，尽量以最少的人力、财力和物力开设成本低、回报快的专业。然而，在这个过程中，很难静下心来思考学校的特色发展和定位。这种只关注自身的行为是学校个体在面临生存压力下不得不采取的行为，并且这种惯性似乎很难自我调节，最终导致高职院校间专业数量迅速扩大，专业同质化现象严重。

为了破解这种身份带来的生存危机，许多高职院校一直准备升格为本科院校。它们按照本科院校的标准开展专业布局，以期待政策契机的到来。然而，在2006年开始的"国家示范（骨干）高职院校"建设中，教育部要求备选院校承诺8年内不升本，使得一些高水平高职院校的升本愿望无法实现。近年来，虽然升本政策有所放宽，但仅对民办高职院校开放。但随着部分"本科高职"初设成功，许多高职院校再次产生动力并积极筹备。它们不仅保持了"大而全"的专业布局不变，而且默默开始了新一轮的专业增设。这种专业设置难以自我调节和管理的现象背后，反映了高职院校本身基础的薄弱以及对自身身份处境的无力。因此，它们希望通过升格为本科院校摆脱现有的不利局面。然而，在这个生存竞争的过程中，专业布局的泛化导致了学校资源的分散、专业特色不明显、学校品牌特色不鲜明等问题。如果成功升格为本科院校，这种松散的专业布局将为学校带来整体跃升的效应。相反，如果学校无法成功升格为本科院校，由于专业布局泛化所带来的整体实力退化将显而易见。

三、校本治理体系虚弱与专业动态调整事倍功半

（一）对政策工具的路径依赖，自组织力不足

长期以来，不少高职院校在资源获取和学校管理等方面过度依赖政府的支持。在大部分时期，它们只能盲目地应对或迎合上级政策，并匆忙制定各种标志性成果，导致学校在自主参与教育改革方面面临着狭窄的空间和有限的竞争力。在实行"放管服"等自由生存和治理时期，这些院校在各个方面的发展陷入无所适从的境地。

在专业设置和管理方面，部分高职院校很少主动寻求区域差异化和院校

差异化的信息来优化专业布局。相反，它们抱着一种"如果政府不强制，学校就不调整"的心态，习惯于在被组织的框架内保持原状，不愿积极主动变革。

（二）管理部门间信息割裂，专业动态调整联动不足

人才培养是一个包括招生、教学和就业的完整过程，各个环节和部门必须紧密协作，共同提高培养质量。在理想状态下，招生部门作为人才的入口，教学单位和教务部门作为加工环节，就业部门作为出口，需要协同合作来共同管理专业。就业部门应向教务部门提供各专业毕业生的就业率、专业对口率和起薪情况等信息，招生部门应向教务部门提供现有专业招生的第一志愿报考率、报到率等信息，教务部门则需整合这些信息并与各教学单位讨论专业调整的情况。然而，在实际操作中，学校内部的管理部门存在相互割裂的情况，信息传递不到位或出现所谓的"深井效应"，导致学校对专业相关信息的把握不足，动态调整的论证不充分，专业布局难以实施。

教育部在2017年颁布了《关于推动高校形成就业与招生计划人才培养联动机制的指导意见》文件，对过去一段时间内各大职业学校之间的恶性竞争问题进行了申斥，并且质疑了许多职业学校的专业设置合理性和院校与就业单位之间的框架问题，提出了让职业学校加强与就业单位之间的沟通，用"无界化"的方式降低学生的就业难度，用更加合理的专业设置、更加紧密的校企合作提升专业设置的优越性。

第三节　高职教育专业设置的关系问题

一、高职院校监管力度匮乏

在非国控专业当中，专业的管理工作主要由两方共同负责，其中一方是省级教育机关，另一方则是学校本身的管理层，对专业设置的管理完全由两方决定，这也是"保护主义"问题出现的主要原因。由于职业学校本身和地方教育结构的诉求存在一定的差异性，因此在制订教学方案和对专业进行调整的过程中，双方势必会存在一定程度的冲突，代表政府的教育结构对利益问题更加重视，会格外关注如何在区域范围内取得更高的利益以及如何获取更多的教育资源，而职业学校本身的问题则会被放在第二位，对于其未来发展情况以及专业的潜力等不会予以优先考虑，而职业学校的本质目的是人才培养，无论何时都需要把"优化专业设置，培养可用人才"作为第一要务，与地方政府所谓的"谋求区域发展"在很多时候都存在冲突。

有一点值得注意，职业学校之间的"同质化严重"现象在很大程度上和地方政府的资源诉求有关，这就是国家把控部分专业并对职业学校的专业变动情况进行较为严格的限制的根本原因。如果院校可以随随便便增加和减少专业却没有人能够控制，那么部分院校的行为一定会对就业市场乃至于我国的整体经济产业造成巨大冲击。

二、部分专业在与产业对接中出现供需错位

"供需平衡"在市场中永远都是最重要的，也是能够达成双边利益最大化的不二法门，一旦需求大于供给就会造成买方的不满，一旦供给大于需求又会造成卖方的亏损，因此，如何精准把握平衡，确保人才供需关系同样是高职院校必须考虑到的内容。如果将高职院校、产业及其相关企业看作一个市场内的卖家和买家，那么高职教育下培养出来的人才就是"商品"，高职院校是这个"人才市场"的供给侧，而买方对人才的要求是"与地方产业以及企业需求紧密对接"，在高职院校能够满足这一条件的前提下，两者之间就可以展开亲密无间的合作，一旦高职院校没有这样的能力，那么市场就会分崩离析。

高职院校在这个劳动力市场中的价值如何，应给出什么评价不在于其自身，而在于作为买方的企业怎么说，在于当企业的岗位随着产业变动有所调整的时候高职院校能否第一时间认识到这一点并且随之做出精准判断和调整。当然，从目前的情况来看，我国的部分高职院校与地方行政部门、教育部门、人力资源部门以及企业之间还没有建立起能够进行信息交互的网络平台，没有形成一个具备"一荣俱荣，一损俱损"意识的共同体组织，不仅各自为政，甚至有的时候还会为了自身的利益和诉求而相互妨碍，以至于许多高职院校在设置专业的时候只注重眼前利益，没能将眼光放得更加长远，更

没有那种跟随产业实时调整的能力，导致职业学校盲目增加全新而无用的专业，企业则因为缺乏数量足够的专业人才而对高职教育越发不满意。

三、部分专业针对性差

教育部在管理方面具有比较全面的职能，其外部管理的对象包括专业目录的修订等，也包括对职业院校专业变动的评定，但是从目前的情况来看，无论是教育管理部门还是与专业相对应的企业都缺乏参与意识和参与经验，而正是由于缺少了教育部门的引导和企业的信息提供，职业学校即便想要提升专业对接的精准性和专业设置的合理性都无从下手，而前瞻性信息的匮乏和政策等方面支持的缺失也导致了职业学校既缺乏宏观调控能力，也缺乏根据地方产业灵活调整专业的能力，最终即便有心对接最新产业所对应的岗位职业也无能为力。

与此同时，还有一点也是值得注意的，那就是无论是高职院校本身还是高职院校当地的地方政府都没有充分发挥其本身的职能，在这个知识经济时代，专业知识和专业技能与工作岗位之间的契合度有着不可分割的密切关系，原本高职院校在培养人才的同时还会接收来自行业和企业对人才的要求，从而对专业设置以及职业教育的内容进行一定的灵活调整，然而如果没有了政府的支持以及与当地企业、产业相关方面的合作，那么职业教育本该对学生提供的该方面服务也就消失了，从而直接导致专业设置和地方人力资源需求之间的供给关系被破坏，原本应该沟通良好的关系不复存在，并形成"高职教育无法为地方企业提供精准需求的人才""地方企业不愿与高职院校加强合作"的恶性循环，偏离了高职院校服务最核心的内容。

第四节　高职教育专业设置的动力缺失

一、助推专业布局统筹管理的掣肘

与本科教育相比，高职教育在专业设置管理机制方面存在明显差距。本科教育在专业设置政策方面，从1954年的《高等学校专业分类设置（草案）》开始，经过多次修改和调整，专业数量逐渐增加，涵盖了各个领域。在教育部的引导下，不同时期的本科院校也对学科专业进行了调整和规划，特别是在"双一流"院校建设中，一些院校重新规划和调整了专业布局。例如，中山大学在2017年将126个本科专业调整为77个，中国传媒大学、东华理工大学长江学院等院校在2018年撤销了15个以上的专业。江西省已有28所高校自发进行了专业调整，合计削减了200多个专业点。山西省按照院校专业的15%—20%指标进行调整，总计削减了200个以上的专业点。总体趋势来看，2014—2018年，本科院校专业削减力度不断加大，尤其在2018年，削减专业的数量达到了2014年的6倍之多。可见，在"双一流"建设的背景下，本科院校已经将专业规划调整放在了重要位置，为"双万计划"的实施提供了布局。

相比之下，高职教育的专业设置管理政策较为薄弱。在2004年和2015年分别颁布了两次专业目录及设置管理办法，但执行细则不够明确，专业动态调整政策还不完善。虽然自2015年实施高职院校诊改以来，一些试点院校已经完成了诊断和改进工作，但整体推动力度不足，效果不佳，引发了一系列争议和阻力，认可度和普及性仍有待提高。造成这种状况的主要原因有三点：首先，许多高职院校领导对诊改的现实意义尚未完全认知和领会，大多数院校还未将其纳入学校的顶层设计中，导致推动力不强；其次，诊改工作过度依赖现代信息技术平台，虽然该技术具有许多优势，但高职院校由于开发或购置成本过高，受限于经费，导致推进受阻；最后，诊改平台与学校原有的其他数据系统无法融合，造成信息孤岛现象，需要重新填写大量重复的数据，增加了工作量和教师的不满情绪。因此，许多高职院校在权衡诊改的利弊时犹豫不决，使得专业诊断和改进等教育改革理念仍处于悬而未决的状态。

二、助推专业设置与动态调整的相关桎梏

在教育研究领域，对于本科专业设置的研究文献可以追溯到1952年，到1998年已经有437篇相关论文对其进行了研究。然而，高职院校在建校时期并未引起专业设置方面的广泛关注，直到2004年第一次高职教育专业设置指

导目录的颁布，相关研究才开始起步。2015年第二次指导目录颁布后，对专业动态调整的研究开始受到关注，但由于研究数量不足，未能为政策发展提供有效的智力支持。这主要有2个原因：

首先，高职教育发展速度快，管理人员忙于日常事务，缺乏研究专业设置政策的意识。大多数人对相关政策仅限于浏览，很难深入分析和研究。调查显示，在关于高职教育专业设置目录及管理办法的问卷调查中，只有1/5左右的参与者给出了肯定的答案，1/5的参与者对问题毫不了解，其余的参与者几乎都表示自己处于"略懂"的一知半解状态，还有极少数接受调查的对象甚至对这一名词感到陌生，显然是没有任何了解。从调查问卷的结果中可以看出两方面内容：第一，我国目前关于专业设置方面的政策普及力度太小，绝大部分应当作为利益相关者参与其中的学生对此没有任何了解；第二，许多接受调查的学生对于专业设置情况表示漠不关心，这种情况对专业设置的优化发展也是不利的。

其次，我国目前对高职教育发展进行研究的专业团体并未成立，换句话说，我国并没有某些发达国家中专门针对职业教育的专业设置进行前瞻性研究和会议讨论的组织，或者说，这种组织的雏形已经存在，但是距离完善还差得很远，对解决实际问题并没有太大帮助。通常来讲，这样的组织需要由代表政府的教育部门牵头，其他所有利益相关者共同参与，但是一方面是我国的教育部门并没有完善相关管理制度和组织构架，另一方面也是作为利益相关参与者的学生普遍不热衷于此，因此能够提供重要的产业与专业信息的企业和产业所蕴含的信息也就没有了用武之地。

第五章 高职教育专业设置改进策略

第一节 我国高职教育专业设置历史经验分析

一、原始社会的职业教育萌芽

在社会大分工的不同阶段，出现了相应的职业分化和专业教育的初步形成。在第一次社会大分工后，生产经济和攫取经济逐渐分离，原始农业兴起，伴随着骨器、陶器、石器和木器等农业工具的发明，农业进入了"刀耕火种"的时代。同时，口耳相传的氏族教育和设农师的农作教学相继出现，《白虎通义》记载："至于神农……制耒耜，教民农作"，标志着农学专业教育的起步。

在第二次社会大分工后，畜牧业脱离农业，人们开始驯养猪、牛、羊等家畜，从事狩猎和捕鱼等社会劳动。木矛、弓箭、石球等工具相继出现，《淮南子·本经训》中记载了"拘兽以为畜"的情况，《尸子》中提到了"宓羲氏之世，天下多兽，故教民以猎也"，这表明畜牧和养殖专业教育开始萌芽。

第三次社会大分工后，手工业与农业分离，纺织、冶铜、制陶、建筑等工艺生产兴起，如半坡遗址中的黑陶器、仰韶文化中的铜制品以及河姆渡遗址的干栏式建筑等。这些迹象表明手工业专业教育的初步形成。

到了第四次社会大分工后，脑力劳动与体力劳动分离，占卜、天文、历法、医学等专业逐渐出现。同时，专门从事教育的文化公职人员也开始出现，《尚书·虞书·舜典》中记载："命汝典乐，教胄子"，标志着音乐等专业教育的初步发展。

第五次社会大分工后，商业、烹饪等专业成为独立的职业。我国历史上的第一位职业厨师彭祖就诞生于这个时期。

总结来看，原始社会的职业教育嵌入在生产和生活的基础中，随着社会大分工的发展，职业分化和专业教育逐渐形成。同时，"设官教民"的职官制度以及成均、虞庠、明堂等专门学校相继出现，这些学校主要以乐教为主，家学则通过血缘关系传承，成为主要的教育途径。

二、奴隶社会的职业教育初成

在古代中国，管仲提出了"四民分业"的理念，这不仅是一次政治和经济制度改革，同时也推动了军事、民事、手工业和商业教育的发展，成为我国职业教育专业分类的源流。

四民分业是指士、商、农和工这4个社会群体。这一理念首先利用"参其国而伍其鄙"的原则，实施"职业为氏，行业族居"的政策，解决了行政管理问题，同时也让同一行业的人们聚居在一起，相互交流技术经验，创造了良好的职业发展环境。其次，四民分业促使专门的职业教育初步形成。其中，士包括文士和武士教育。管仲在《管子·小匡》篇中提道："今夫士群萃而州处，闲燕则父与父言义，子与子言孝，其事君者言敬，长者言爱，幼者言弟。"文士教育主要强调道德礼法，其职业目标是成为专职官员。武士教育包括爱国教育和军事训练，如《管子·幼官》篇中提出的要求。而农则指的是农业，当时农业已经进入了细化分工模式，有各种农牧业专职人员，农官在官府层面推广农业技术，而在家庭层面，技术则通过世代传承进行教育。至于工，指的是手工业，商朝时期手工业相当发达，《尚书·康诰》中提到了"百工"，并且手工业分工也非常细致。有人通过"工商食官"政策，成为专职工作的人员，官府的手工业艺徒制度以及家族的技艺传承成为当时手工业教育的主要方式。而商则指商业，当时的商业发展主要以商品交换为主，也有流通的货币形式，行商和贾人都有专职人员，并存在明确的分工。

在"四民分业"的基础上，当时的课程体系主要以"六艺"为核心，包括五礼、六乐、五射、五驭、六书和九数。这为后来宋代胡瑗提出的"苏湖教法"（分斋教学）和清代颜元倡导的六艺、实学奠定了基础。

总的来说，古代奴隶社会的职业教育发展已经有了适应时代发展的专业分工模式。在这一模式中，社会等级制度和生产资料的分配情况为专业细分提供了条件。制度上，"工商食官"和"技术官守"的职业管理制度保障了职业专门化的发展，类似于今天国家行政部门对各行各业的统一管理。教育模式上，"畴官"作为掌握实用技术的职官，通过宦学事师和畴人之学的技术传承方式，实现了官方学校教育和民间学徒制度的结合，与今天的官方学校教育和民间学徒制度有相似之处。因此，奴隶社会的"四民分业"制度可以被视为我国职业教育专业设置制度化的开端。

三、封建社会的职业教育细化

职业教育的发展离不开职业学校的兴起。中国历史上的第一所职业学校是东汉灵帝时期创立的鸿都门学，其主要教授文学和艺术。尽管当时没有明确的专业设置，但出现了一系列专业性强的教材，如医学类的《伤寒杂病论》、农业种植类的《氾胜之书》、农业养殖类的《四民月令》、商业类的《货殖列传》等。

在魏晋南北朝时期，专科教育兴起，包括书学、算学、律学、医学、麟趾学（北周学校名，是美术教育专门学校）等。职业教育的专业设置趋向细化，傅玄提出的"九品人才论"和"分业定数"为多元人才观和职业规范奠定了基础。其中，"九品人才论"突破了以往儒学选才的单一标准，推动专业教育向多元化发展，类似于现代心理学家霍华德·加德纳（Howard Gardner）提出的"多元智能理论"。而"分业定数"则对不同行业和人群进行职业分类，并规定职业规范要求。

唐朝在职官体系下设立了"六学一馆"，"六学"包括国子学、太学、四门学、书学、算学和律学，"一馆"为广文馆，同时还设立了兽医、巫师、音乐、药园和内宫技术等专门实科学校。唐朝开始制定独立的教育管理体制，颁布实科教材，实施学制安排、分科教学和选课制度。这种专门学校制度一直延续到清朝新教育运动之前。

宋朝进行了"三次兴学"，同时设立了昭文馆、史馆和集贤馆等官方

"三馆"。专业设置得到进一步发展，增加了武学等专业。同时，手工业的发展催生了许多专著的出现，商业发展促进了经纪人职业的兴起。胡瑗提出的分斋教学将学校分为"经义"和"治事"两斋，为专业分类提供了基础。

元朝实施了"职业户计制度"，将百姓按职业分为民户、军户、站户、盐户、匠户等，职业分类日益细化。社学作为农村的基层组织起到了农桑教育的统一作用，开始进行专业设置。

明代由于"重农抑商"，小农经济达到巅峰，推动了农业和手工业的职业技能精细发展。武学、医学、阴阳学等专门学校的人才培养制度日益完善，医学教育方面特别突出，太医院作为官方最高教育机构分科专攻，设立了多个专业门类。此外，明朝还增设了外语专科学校（四夷馆）以促进国际贸易交流，西方学科也开始兴起。

清朝在官学方面设立了天文历法、算学、农学、医学等专门学校，培养专业人才。行业教育方面，依托行业会馆和工匠会馆的学徒制度进行教学，商业学徒制也逐渐兴起。此时，专业设置相对完备，颜元在漳南书院创办了"六斋"，包括文事、武备、艺能、经史、理学、帖括（应对科举考试），并进行分斋教习。这与现代的学科专业分类基本相似，只是某些产业在当时尚未出现。胡瑗提出的"分斋教学"以"真学"为核心，为实业教育分科设教，对现代高职专业设置制度的发展具有启发意义。

四、晚清时期的职业教育学习

有人认为实业教育仅限于工业教育，而职业教育是专注于农业、工业和商业的专业教育。相比之下，职业教育的范围更广，学生完成学业后可以直接谋生。因此，实业教育具有专门性和实用性的特点，而职业教育则具有宽泛性和实用性的特点，两者都为个人谋生奠定基础。

实业教育强调在特定时期以谋求国家发展为导向，从而带动个体的生存。它具有明确的集体主义和功利主义色彩。职业教育是个体在任何历史时期为了生存而接受的与就业相关的教育。因此，从广义上来说，实业教育包含在职业教育的范畴之内，实业教育可以被看作是职业教育的一部分。

（一）专业设置的理论基础："生利分利"

梁启超的维新改良主义教育思想提出了"生利分利"的观点。他认为，当前全球最大的问题是生计竞争，各国之所以亡我、我国之所以争自存，都与此有关。因此，发展生计教育必须将"生利"和"分利"作为衡量民族产业价值的标准。

在他的观点中，"生利"指的是生产劳动，而"分利"则包括两种情况："不劳力而分利"和"劳力而仍分利"。根据对生利者和分利者的细分，他认为从事农业和工业职业的人属于直接生利者，而从事商业、军事、政治和教育等职业的人属于间接生利者。行乞、行盗以及某些官员属于不劳力而分利者，而从事佣人等职业的人属于劳力而分利者。

基于这一观点，梁启超运用劳动价值论对国民职业分工进行了价值评定和分类。他认为，根据当时中国的情况，应该提倡多从事生利的职业，减少分利的职业。他主张开展制造业、铁路、矿业和商业等旨在增加利益的实业教育，同时也主张开展女子实业教育。这成为近代实业教育设立的原则和专业设置的理论基础。

在他编写的《教育制度表》中，他将实业教育融入各种简易实业学校和高等实业学校，以"生利"和"分利"职业价值作为基本原则，重点培养从事生利职业的人才，以增强国家实力。

（二）专业教育的价值观："三育救国"

在当时，专业设置框架相当于现今的专业设置目录。由于长期受科举制度的限制，清末的专业教育属于"西学东渐"和创新发展类型。在这个时期，缺乏统一的国家制度，主要依靠洋务运动和维新运动的倡导者来进行探索和实践。

1.郑观应的"三学"专业细化分类

郑观应在《盛世危言》中提出了西方国家的"士有格致之学，工有制造之学，农有种植之学，商有商务之学，无事不学，无人不学"的理念。他认为西学都是实用的学问，主要分为"天学""地学"和"人学"三个大类。尽管郑观应在专业框架设置上仍以儒家的"三才"即天、地、人为基础，并未完全摆脱传统文化的束缚，但提出了"三学"专业分类框架的雏形，为我国专业设置的"西学东渐"开辟了道路。

2.张之洞的"中学为体、西学为用"专业架构

1898年，张之洞发表了《劝学篇》，对洋务运动中的实业教育提出了基本方针，即"中学为体、西学为用"。他将《劝学篇》分为内外两篇，其中内篇是关于"中学"，主要目的是培养人的品德和思想，包括"同心"等9篇。对应的专业大致有经学等4个。内篇主要传承中国传统文化，教化纲常、规则和品德。外篇则是关于"西学"，主要用于开拓视野和推动社会进步，包括"益智"等15篇。具体的专业分为西政和西艺两类，西政类似于现今的社会科学，有8个专业，西艺相当于自然科学，有8个专业。张之洞的专业架构并没有将中学和西学融合在一起，认为中学是维护中国国家管理政体和纲常的根本，西学是为了国家的正常运行和繁荣发展而服务的手段。因此，中学仍然相当于"中枢神经系统"，而西学则相当于"周围神经系统"，两者的重要性有明显的区别。

在1903年，张之洞在他创办的两湖大学堂大学预科专业设置中再次采用"中学"和"西学"作为分类原则，并设置了8门"专门学"。其中4门是"中西公共之学"，另外4门属于西学。这个框架与《劝学篇》相似之处在于仍然以中学和西学为基础进行分类，不同之处在于两湖大学堂将《劝学篇》中的"西政"与中学融合在一起，形成了"中西公共之学"，并删除了"教忠""明纲"等传统纲常教化类科目，更加注重中西交流和通识教育。这种专业设置框架在知识传授方面注重中西融合，在师资选择方面注重中西结合，并采用"1+3+1"的学习模式，即补习普通学1年，进行专业学习3年，然后出国游学1年。这种模式取得了显著的育人成果，培养了一批中国近代改革的先驱者，如黄兴等人。

五、近现代的职业教育设置走向

自1911年辛亥革命推翻晚清帝制到1949年中华人民共和国成立的过程中，高等职业教育的专业设置逐步本土化和制度化，以学校的发展为支撑。

第一，在理论基础上，这一时期的专业设置受到了实用主义的影响。新文化运动和五四运动推动了中国教育的改革，与西方国家的文化互动促进了

教育思潮的多元化发展。中国的教育界人士前往西方学习，并邀请西方教育家来华指导交流。其中，美国教育家杜威（Dewey）、孟禄（Monroe）、推士（Twiss）等人传播了实用主义教育思想，胡适等人倡导了实用主义教育思潮在中国的发展。陶行知提出了生活教育理论，陈鹤琴提出了活教育理论，实用主义思想在中国教育改革中开始生根。实用主义的观念推动了职业学校与社会的紧密联系，强调教育与生活的结合，促进了职业教育的价值观形成和专业设置方针的确立。

第二，专业设置的目标是教育与产业的沟通，同时注重培养谋生之技与知识素质。研究人员在实用主义基础上，通过批判和建构的研究路径，分析了实业教育存在的问题。他们认为职业教育界与实业界之间的沟通不畅导致毕业生就业困难，职业教育脱离实践导致所学知识无法转化为实际技能，缺乏实效性。为此，黄炎培提出了职业教育专业分类的目标，既满足青年谋生的迫切需求，又满足社会分业的需求。因此，这一时期的职业教育注重与社会岗位相匹配的实习和实践，强调将理论与实践相结合，注重专业教学和职业指导，使专业人才的培养与产业实际需求相契合。总体而言，1911—1949年高等职业教育的专业设置在实用主义的指导下逐步本土化和制度化，致力于教育与产业的沟通，同时注重培养谋生之技与知识素质。这为后来的职业教育发展奠定了基础。

第三，1922年的灵活化专业设置形式："壬戌学制"。在教育家群体和全国教育会联合会的推动下，1915—1922年举行了8次有关学制改革的会议。前5次会议（1915—1919年）是议案提出和商讨阶段，后3次会议（1920—1922年）是学制方案主导权博弈和协调阶段。其中，第二、第三、第四、第五次会议分别讨论了职业教育问题。经过反复讨论，于1922年11月1日全国推广实施了《学校系统改革案》，被称为"壬戌学制"。

这一阶段的高职院校专业设置情况是对曾经的"西学东渐"所代表的功利主义教育的有效补充和拓展，在很大程度上弥补了曾经的不恰当的教学方式和专业设置所带来的弊病，虽然还没有达到理想的教育模式和专业设置情况，但是其进步是很明显的。该时期的教育据有这样几个方面的特征：

第一，职业教育虽然是为了向社会供给人才，提升国家建设能力，但这并不意味着要将人当作工具来使用，在强调人才所应当具备的职业素养的同时，个人能力和综合素质也是非常重要的，因此，职业教育不是单一的"奉献教育"，而是具有复合性的、同时兼顾了社会和个人的教育模式。

第二，职业教育具备更强的实用价值，与其他教育模式相比，职业教育相对更重视当前的产业规模和职业技术等，这些实用性技能与素质是高职教育带给学生的最宝贵的财富，职业技能的普及化、职业能力的常态化发展才是职业教育所追求的。

第三，职业教育具有地方性特色，不同区域的职业教育是需要因地制宜的，职业教育直接对标工作岗位，而不同城市甚至不同区域的就业现状和就业前景都是不同的，更何况职业教育是在根据人才市场调研的基础上实施的，不同区域的调研结果差异巨大，也会带来职业教育模式的改变。

我国在1925—1949年实施了"全国+地方"的职业教育专业设置模式，并且在发布的《新学制课程标准》当中对专业课程等内容进行了详细规定，尤其是其中的农业课程和工业课程等更是重中之重，商业课程和家庭课程也得到了应有的重视，总而言之，当时的教育部门狠抓职业教育专业设置问题，极大纠正了曾经谬误的教学模式所带来的不良影响，并且在1929年通过《专科学校规程》中对专科职业教学的制度提出了要求，3年后对高职院校的专业设置进行了详细规定，并逐步将相关规定总结成具有普遍性的规程，普及到各省各市中，要求国家范围内的所有职业院校都按照当地的经济发展情况和岗位需求规模进行更加具有针对性的人才培养。

教育部门于1933年发布了关于职业教育的重要文件——《职业学校各科教学科目及时数概要》，开始对职业教育中各大专业的人数提出了上下限要求，并直接指出了原本职业教育中的不足之处，要求对旧工业教育进行大幅度改革，要在工业已经结合新材料取得新发展、新突破的情况下迅速更新相关的工业职业教育，将学生培养成与时俱进的、能够在新时代新工业中找到属于自己的位置的实用型人才。全国各地的职业院校纷纷响应号召，根据不同地区的不同情况对传统职业教育中的工业教育进行了一系列灵活调整，既节约了资源又及时为国家贡献了大批量急需的工业人才。在1939年，教育部门又颁布了《高、初级农业职业学校各科教学科目及每周教学时数表》，将职业教育彻底细化管理，形成了职业学院必须遵循的行业标准，以8个专业为核心规范了41个课程标准，真正做到了初步对接产业和专业。

第二节　国外高职教育专业设置管理经验借鉴

一、瑞士高职教育对职业变动的高度敏感

（一）瑞士高等职业教育发展概况

瑞士注重技术技能培养，在职业教育体系方面，分为职业准备教育、中等职业教育、高等职业教育和职业继续教育4个部分。1995年颁布的《高等职业教育学院法》奠定了高等职业教育的基础，经过学院合并，于1996年建立了瑞士中部应用科学大学、苏黎世应用科学大学等9所联邦高等专业学院，包括7所公立学院和2所私立学院。瑞士高等职业教育与普通高等教育同等重要，学院的规模适应区域需求，并以教育迁徙紧跟职业迁徙的理念，灵活地为区域提供服务。

（二）高等职业教育专业设置的基本价值导向

瑞士的产业结构明显分化，第三产业占据主导地位。优势产业包括医药化工、机电金属、钟表制造、金融业和旅游业等领域。因此，高等专业学院的专业设置主要与以上产业对接，并随着产业转型升级进行教育迁移，以紧密结合教育与社会、国际需求。

为了能够更好地跟随产业变化的潮流，瑞士对高职教育采用了更为合理的"三元制"，在高职教育方面将"职业院校""相关企业""相关行业"打造成了密不可分的整体，三者之间保持着微妙的动态平衡，其中任意一个元素的变化都会引起另外两者随之改变，其中"学校"的分量相对比较轻，因为学校是为了培养人才而存在的，因此其更多的是为"企业""行业"的变化买单，根据产业等的动向培养必要的人才，而企业需求又随着产业需求的变化而变化，因此，也可以认为瑞士"三元制"的核心是"产业变迁"。这样的运作方式既有好处也有坏处，好处在于高职院校的人才培养方式几乎是与产业变动紧紧联系在一起的，几乎不会存在培养出"没有就业面的无用

人才"的情况，极大加强了教育资源的利用率和人才能够发挥出的作用，但同样的，这种运作机制对这三个领域的单位协作能力提出了更高要求，如果学校、企业不能对产业动态进行足够精准的捕捉，就会导致"三元制"的动态链产生断裂，从而直接影响国家产业与人才的对接方式等，对国家经济和教育事业产生不可估量的巨大影响。

目前来看，瑞士的"三元制"发挥了很大的积极作用，其对教育事业的重视程度与取得的教育成果整体成正比，可见瑞士的人才培养观念具有积极价值，整个瑞士人口的70%左右都曾经接受过职业教育，大部分学生在国家的引导和提倡下都具有优秀的学习能力和职业价值观念，能够在完成学业后迅速融入整个产业结构中，为瑞士的职业教育和产业发展提供帮助。从政府层面来看，瑞士将高等职业教育认定为性价比最高的人才培养方式，认为这是一种能够以最快速度将完成学业的学生的知识储备和能力素质转化为实际价值的方法，具有相当高的投资回报率，无论是国家投入的教育资金、社会付出的教育成本还是家庭与学校提供的教育成本都能够得到令大部分人满意的回报，这也是瑞士能够以并不辽阔的国土面积与相应人口在工业和服务业取得令世界瞩目的成就的根本原因之一，教育是提升生产力的直接方法，而改善教育理念同样能够极大提升教育带来的红利。

此外，瑞士在人才选拔和人才培养过程中往往并不是特别重视所谓的"拔尖人才"，而是将更多的注意力放在"普适性""流行性"和"可持续发展性"上，所谓普适性是对"就业难度"与"专业难度"的综合权衡，无论是就业困难还是专业难度过高都是该理念下所不愿见到的，因为这样的专业教学对实用型人才的批量化培养不利；流行性指的是对新兴产业或者即将诞生的产业的嗅觉敏锐程度的判断，尽管有着令人惊叹的工业制造能力，但是瑞士同样着眼于国际流行的全新产业，毕竟忽视时代的变换必然会被时代淘汰，在出现新型产业的同时，相对应的专业也会应运而生，这就是职业教育流行性的本质；可持续发展性是瑞士对职业教育最重视的特性，可持续发展观念并不是一个陌生的名词，如果说流行性对应的是新兴行业对传统产业带来的冲击和机遇，是拍岸的浪潮，那么可持续发展就代表了传统行业所对应的长期稳定需求的职业岗位需求，是源远流长的暗流，两者是相辅相成、相互促进的，只有兼顾流行性和可持续发展性才能保障职业教育的作用得以最大展现。

（三）高等职业教育专业设置的管理机制

瑞士高等教育具有很"温和"的特质，因为瑞士政府和新加坡一样，很少采用强制性的手段令高职教育学院执行命令，而是在各层级都使用协商的方式达到目的，通过合作提升工作质量，虽然难免在一定程度上降低效率，但总体而言利大于弊。瑞士职业教育的目录不是由国家或者单独某个部门决定的，而是在国家相关部门的组织领导下，由所有利益共同体一起参与讨论共同决策得到答案的，教育结构、职业协会和行业协会都会参与决策并且对最终结论产生影响，从决策的流程来看，在第一阶段，瑞士的职业教育专业设置会议上会先提出整体方案，包括对专业的调整方式以及理由，形成新的专业目录，接下来，教育部门的专业工作人员会对新的专业进行评定和审核，确定其与当前现有的职业、产业能否完成对接，综合评定全新的专业的合理性；如果第一阶段的审核工作完成，那么第二阶段就要对经过了初步审核的专业设置方案进行更加深入的研究，如相关的人才招收与培养计划等，包括在专业建设过程中职业院校需要增购的设备、需要用到的资源和实训基地等，这些相关内容同样需要受到评估，需要通过学院专业委员会的评估才能够予以通过（委员会的成员包括瑞士的高职教育学院联合会、行业协会、职业协会以及代表政府的联邦工作人员），这些成员会共同完成对瑞士职业教育专业设置的定期检查和框架质量检测，当新的产业变化发生时，他们也会成为决议的参与者，在新兴产业未完全出现的时候，对未来的预判工作也是由他们完成的。

（四）高等专业院校与企业合作的育人特点

在瑞士高等专业教育中，与企业的合作是非常重要的育人特点之一。以下是与企业合作的4个方面：

（1）实习和工作经验：高等专业学院与企业合作，为学生提供实习和工作机会。学生在校期间有机会到企业实习，获得实际工作经验，并将所学知识应用到实践中。这种实践经验有助于学生更好地理解专业知识，并培养实际操作能力。

（2）企业导师和行业专家：高等专业学院与企业合作，邀请企业导师和行业专家参与教学和指导学生。企业导师可以分享实际工作经验，指导学生进行项目和课程作业，帮助他们更好地适应行业需求，并了解当前行业趋势和发展。

（3）实践项目和案例研究：高等专业学院与企业合作，开展实践项目和案例研究。学生可以参与真实的项目，与企业合作解决实际问题，并提供创新的解决方案。这种实践性的学习可以增强学生的问题解决能力和团队合作能力。

（4）行业合作机构和协会：高等专业学院与行业合作机构和协会建立紧密联系。这些组织与学院合作制定课程大纲和专业标准，确保学生获得的教育与行业需求相匹配。行业合作机构和协会还可以提供行业培训和职业发展机会，帮助学生在毕业后更好地就业。

通过与企业的合作，瑞士的高等专业教育能够更好地满足行业需求，培养与市场紧密对接的专业人才，提高学生就业竞争力。同时，学生也能够在实际工作环境中学习和成长，为未来的职业生涯打下坚实的基础。

二、新加坡高职教育的社会适应性与服从性

（一）新加坡高职教育发展概况

新加坡于1979年顺应第二次工业革命的浪潮，极大提升了国家的工业生产能力，一方面，第二次工业革命带来了结构产业的大幅度改变，另一方面，结构产业急需改变的大背景也同样影响了新加坡的工业革命内容，两者在相互结合的情况下对新加坡国内的产业结构与高职教育等方面产生了一系列有趣的影响。比如，新加坡的高职院校教育同样属于高等教育的一部分，其学制通常为期3年，而新加坡的职业院校数量并不多，目前为止只有5所，比较著名的是新加坡理工学院。由于当今的岗位对工作人员提出了专业化与综合性并举的需求，因此新加坡也和很多国家一样，愈发重视高职院校的人才培养作用，且高职院校是职业能力培训基地，与其他教学单位之间具有较强的衔接能力，所以接受高等职业教育有着相对更高的"性价比"，正因如此，新加坡所有受过中等教育、接受工艺教育（中职）以及社会人员中接受过高职院校教育的比重达

到了惊人的62%，足可见当地对高职教育的重视程度。

（二）理工学院专业设置及调整的基本价值导向

新加坡对于高等职业教育的理解是科学而理性的，其秉承着"受教育者走向社会并服务社会，因此教育理念和教育专业必须以社会需求为基础内核"的理念，从当地的职业教育成果来看，这样的理念也是正确的，教育是带有历史惯性和时代使命的重要事业，与国家的产业变动息息相关，也与国家的经济命脉与未来发展紧密联系在一起，故而必须有与时俱进的能力。新加坡国土面积不大，因此在行政管理方面相对更加细致，管理单位细化到社区级别，这也是新加坡的职业教育管理更加细腻的原因，当然，就算其他国家的国土面积更大、管理难度更高，但是并不意味着无法借鉴新加坡优秀的职业教育管理理念，其本质思想在于两点：第一，职业教育管理工作必须与时俱进且与产业紧密关联，当一门专业与任何可就业的产业都无法高度契合的时候，说明这门专业存在的必要性很低，反之，在新的产业蓬勃发展的时候，也必须通过新增或融合的方式用新的专业为其供给人才；第二，在对接专业与产业的时候必须遵循精密性原则，该工作不能疏忽大意，更不能粗糙随意，而是要通过认真的调研了解到产业的细节，然后才能准确建设相应专业所需的一切内容。

新加坡目前的主要经济产业与其他国土面积较小的国家相似，都是以制造业为主、其他服务业或批发零售业为辅，从而形成较为稳定的经济支柱，由于国家本身资源和经济力量有限，因此，新加坡并不具备引导经济潮流或单独开辟经济支柱的能力，为了更好地发展经济，新加坡的产业文化更多体现在"适应"方面，对国际产业变动有着很高的敏感度，能够在产业变化的第一时间做出合适的调整，并进而对职业教育的专业方面做出整改，实时确保"专业"和"产业"的无缝对接，在此基础上，新加坡对制造业进行了富有地方特色的加工，从而形成符合潮流且具备一定地方特色的职业教育和产业对接。这种动态调整的专业设置理念无疑是非常正确的，正如新加坡理工学院的名言："无论是产业还是职业教育专业的'寿命'都是有限的，因此，需要新的产业诞生，也需要新的专业为其注入新的活力。"由此可见，唯一不变的，只有变化本身。

（三）专业设置的管理机制

新加坡理工学院作为新加坡最具代表性的职业教育单位，采用了自下而上的方式对教育资源进行开发与利用，在向政府申请教育资源和技术指导的过程中，新加坡理工学院始终遵循这样的原则，在设置新的专业的时候，向来以当前的产业规模和产业结构为准，而由于教育资源有限，对于新出现的产业新加坡理工学院的开发过程充满谨慎，力求在开发过程中做到无疏漏、无偏差，尽最大可能不浪费任何资源，因此，一个与过往专业有关联性的新兴产业所对应的专业开发时间往往也在2年以上，在这期间，新加坡国内的政府部门、产业企业、学生与家长、职业院校与教育机构等都会共同参与，真正形成了所有利益关联者共同参与建设的大好局面，而非由国家进行干涉并强力推动，否则即便资源充沛但依然会存在由于"赶鸭子上架"而导致的针对性不足问题，也只有在所有参与者共同确认了新专业的可行性后，新加坡政府才会真正大力投入建设，确保资源被用在了最有用的位置。

（四）新专业开发及设置

新加坡的国土面积和国家综合实力注定了其职业院校的规模不会太大，不过也正因如此，新加坡理工学院才走上了精细化路线，并取得了良好的成果。新加坡的教育部门对职业院校专业设置和教学方式很少进行强力干涉，往往只以规划者的身份出现，对教育事业的基本规则进行架构，而不会对每个环节都指手画脚。据闻，新加坡的教育部门每年都会通过联合人力部门与贸工部门的方式对产业的未来变化进行基础预测，并以对产业变动的预判作为基础，分析人力资源市场随之改变的方向以及专业设置方面应当如何调整，根据可预测的全新的市场要求找到最适宜的专业建设模式，力求让每个人才都发挥出最大的价值，让职业教育为国家的人才库贡献最大力量，在这个过程中，职业院校同样能够得到分析数据并参与其中，第一时间在人才培养方面给出可靠的意见。

新加坡理工学院在新加坡教育领域有着举足轻重的地位，甚至可以说对于新加坡职业教育专业的增设和修改，该院校都有着很大的发言权，能够在一定程度上直接影响新加坡职业教育专业设置的走向，在决定是否要增设新专业的过程中，理工学院的工作人员遵循着异常严格的工作流程：第一步，理工学院工作人员会对市场进行全面调研，充分了解市场的人才饱和程度，以确定需要的人才类型和人才数量；第二步，职业学院的系主任和专业的领头人以及与准备新增设的专业相关的专业资深教师等会组成一个考察性质的队伍，由这个队伍将市场调研的成果编撰成论文的形式供小组使用，根据论文拟定申请材料；第三步，根据所编写的申请材料进行由下而上的逐级申请，先后经过学校的管理委员会和教育部门的管理委员会之手，先后确定提案的合理性；第四步则是召开会议表决新专业开设的可行性以及招生规模、教学内容等具体细则，明确教学条件、师资力量和资源投入等利益相关事项；第五步也是最后一步，如果开设的专业不是院校所独有的，那么在专业尝试性开设过程中就要和其他院校进行经验交流，通过对其他院校的取长补短完成本院校的专业优化设置，这也是一个长期过程，需要院校在专业开设过程中不断积累经验才能完成。

（五）理工学院专业管理及育人特点

1. 专业紧随产业转型周期变换发展

新加坡理工学院除了基础的教学功能外，也保持着对产业变动的监控，外界产业变动会在国内有所映照，同样的，紧密关注国内产业动态的理工学院也会根据国内的产业变化趋势做出相应的调整，无论是增设新的专业还是对原本的专业进行拆分、融合都是要在此基础上才能实现的。如果传统专业的发展和自主更新速度显著落后于其对应产业的发展，就需要职业院校和教育部门的共同参与了，两者需要联合在一起对传统专业进行整改，无论是与其他专业融合，还是对专业进行大刀阔斧的更新改革，都能够唤醒传统专业的活力，在专业和行业之间找到衔接的桥梁，让专业人才的培养"有的放矢"，这就是职业教育的重要性所在。

2. 专业管理及育人的"无界化"

新加坡理工学院在进行专业设置的变动时需要考虑到多方利益，教育事业固然神圣，但也必须以培养实用性人才为前提，教育不仅要让人懂得道理，更要帮助受教育者成为有能力的、有价值的人，因此，在专业设置方面必须向产业靠拢，没有相对应的产业与职业的教育专业是无意义的。新加坡理工学院的专业设置的参与者是学生、院校、产业相关企业和国家政府，可以说产业相关人员与职业相关人员全都参与其中，能够尽最大可能保证专业与产业、职业相对接的精密程度，其中政府各部门的联合团体的主要工作是做好信息汇总并且以之为基础对产业变化做出预判，从而确保其他参与者能够在此基础上找到专业的优化路线。可以说，无论是政府部门还是产业相关企业都是保障者，确保了学生和院校的价值得以发挥。

职业教育进行过程中，新加坡选择了更加开放的模式，将院校的教学环境和职业环境之间的界限有意识地模糊化，这样一来，学生在学习阶段就已经能够充分体会到实际的工作环境是怎样的，并且可以尽情把自己学到的专业知识用在实际工作中，如果没有这样的过程，那么知识素养和应用能力之间是存在隔阂的，只有经过实践检验的能力才是更加值得信赖的。"教学工厂"的模式在新加坡是颇受推崇的，这样的半模拟半真实的工作场景无疑是对学生课堂知识的最好检验，新加坡在这方面不吝投入，采用了非常真实的模拟手段，力求让学生在学习阶段得到足够的实践经验，确保其足以胜任对应行业的岗位工作。这样的做法非常值得我国学习，具有极高的实用价值，一方面提升了学生就业面的宽度和广度，让学生对知识有了更加深刻的了解并获得足够的应用技巧；另一方面也从根本上提升了教育行业和企业之间的融合程度，对"无界化"理念的发展具有不可估量的作用。

第三节　高职教育专业设置改善原则

一、多元制衡、共同治理（逻辑）

高职教育虽然是由高职院校来完成教育工作的，但是这个过程需要国家、院校、学生、企业等的共同参与，还需要对国家乃至于国际的产业调整与经济模式变动做出精准判断，因此，准确来讲，这是一种多元化的共同体，参与者数量绝不仅仅是"教学双方"，所以，为了能够确保专业得以更好地存在，为了保证权利得到良好的利用，建立具备多元主体共同参与、能够相互制衡并信息共享的高职教育专业设置逻辑是无比重要的。

（一）多元制衡的尺度掌控

为了建立多元制衡的专业设置决策逻辑，我们需要同时考虑高职教育的外部服务性特征和内部创生性特征两个方面。我们将权力、知识和市场等各种决策元素的需求放在同一平面上进行协调，根据非营利性组织评估策略中的"三E"（经济、效率、效能）和"三D"（诊断、设计、发展）之间的张力，确定专业设置的目标和动态调整方向。

"三E"主要是指高职教育作为人才供给侧为需求侧提供综合绩效的能力。在这里，经济（economy）意味着专业设置以较低成本运作，为社会提供与需求匹配的人才。这里的成本并不仅仅是指经费或资源耗费，而是指结算时的最终成本，而非预算时的基础成本或设置低成本专业。通过设置与市场需求对位的低成本专业，我们可以降低结构性失业率，减少教育资源浪费，节约高职教育的综合成本。效率（efficiency）是指专业设置在快速推进高等教育普及化和高水平专业群建设方面的作用力。效能（effectiveness）是指专业设置在工具主义和本质主义两个领域中所取得的综合效果。工具主义指专业设置紧跟产业转型和国家战略动态调整，为社会提供精准服务；本质主义指专业设置关注个体能力提升规律，为受教育者的综合素质和岗位技能培养提供支持。

如果说"三E"是对高职教育专业设置的外部支撑力的度量，那么"三D"则是对高职教育本体和专业设置管理机制内部的监测、自省和改进。它是由"质量意识"激发的内在意识和行为自觉。因为高职教育作为人才培养的供给侧，不仅要确保有效地为需求侧提供服务，同时还要保证供给侧本身的新陈代谢和健康循环。在这里，诊断（diagnosis）是指专业设置运作主体能够准确认识高职人才培养所面临的新问题，理解不同利益相关者的需求，并意识到专业设置运行和管理机制中存在的潜在问题。设计（design）是指针对诊断出的各种专业设置问题，设计出适当的动态调整机制或相应的解决方案。发展（development）是指实施设计出的专业设置动态调整机制或策略，并根据之前的成功经验和问题反馈，不断提高质量并进行创新，形成专业设置的持续改进机制。

（二）共同治理的实践主体

1. 政府：有限权力下的调控者

在高职教育专业设置管理中，政府应该扮演调控者的角色，主要承担规则制定、智库组建、信息提供以及反馈与调控等职责。

首先，规则制定方面。国家级教育行政部门与国家发改委、人社部、工信部等"职业教育工作部际联席会"成员合作，修订专业目录和调整专业设置管理办法。他们组织相关专家对国家控制的专业进行审核。省级教育行政部门与人社厅、省级发改委等部门合作，根据区域产业、人力市场和发展战略，制定非国家控制的专业的区域设置门槛和退出机制。他们还制定具有区域特色的地方专业目录，并全面审核或统筹区域内非国家控制的专业布局情况。

其次，智库组建。根据2019年发布的《国家职业教育改革实施方案》，政府、企业、专家和教育团体共同组建"国家职业教育指导咨询委员会"，其任务是为高职院校办学提供指导。此外，建立全国性和区域性的专业设置研究智库也是必要的。智库可以从宏观和中观的角度研究高职教育专业的理念导向、执行主体和运行机制。它们可以研究区域内专业设置的状态、人力市场需求情况，以及同一专业类的设置标准、市场容量和增设与退出的必要性。智库定期向政府提供研究成果或向社会公开，为各种专业发展方案的制订提供建议。

再次，信息提供。信息提供主要面向两个方面：一是基于大数据建立高职教育专业数据库，向教育系统提供高职院校专业设置的布局、规模、就业率，以及区域人力资源市场的求人倍率等信息；二是面向全社会，提供高职教育专业的名称、简要培养目标，近3年新生报到率、就业率、起薪率、就业稳定性等信息，为高中毕业生和家长提供参考，帮助他们填报志愿。

最后，反馈与调控。政府向高职院校提供国家战略规划布局所需的专业和新兴产业布局所需的专业信息。例如，根据2019年的反馈信息，国家对养老服务、学前教育、护理、家政服务等专业提出了增设的需求，这促使学校高度重视并快速履行专业设置职责。政府对规模过剩和技术过时的专业进行反馈和调控，动态合并和取消专业，解决专业面过窄和与产业需求不匹配的问题，以确保专业结构能够精准服务产业结构和国家战略布局。

2. 高职院校：程序自由下的责任人

学校是专业设置的最终承办和归属单位，因此高职院校作为直接责任人，包括教育管理层和教师两个群体。由于我国高职教育尚未建立完善的专业标准和专业认证体系，因此，高职院校在自由申请专业设置的同时，必须遵守上级部门颁布的专业设置管理办法、学校章程以及学校专业设置管理规定等，即在一定程序规定下进行专业设置工作。

同时，高职院校不应仅仅简单地应对或盲目追随上级管理部门的任务，仅关注专业的提升和发展，如评选品牌专业、优质专业等，还应该动态地履行责任，对整个专业布局的合理发展进行关注。因此，高职院校的具体责任包括建立内部的专业设置机制，并建立涉及利益相关者参与的质量保障机构。这样可以确保高职院校在专业设置方面承担起责任，促进专业布局的适当发展。

3. 劳动力市场：融入协同中的参谋者

劳动力市场在社会中代表着各行业、企业以及非标准化就业的工作岗位，对于高职教育的发展来说，它是一个不可或缺的元素。在专业设置方面，劳动力市场的主体不仅需要介入，还需要与高职院校融合和协同合作，共同为专业的发展规划和布局做出贡献。它的参与作用主要表现在以下4个方面：

首先，劳动力市场可以协助行业政府或组织提供关于行业发展动态、岗位核心能力要求、人才需求等信息，促进就业市场人才需求数据库的建立；同时，它也可以协助学校进行雇主满意度调查、人才质量反馈等调研工作，有助于高职院校了解和掌握教育质量的情况。

其次，劳动力市场可以接纳教师到企业进行实践锻炼或调研，为专业建设规划和专业调整提供实地工作场所，增加教师对岗位能力要求的认识，推动教师进行行动研究。

再次，劳动力市场可以通过参与高职院校的专业教学指导委员会或质量保障组织等形式，参与学校的专业建设相关咨询组织，为专业发展提供外部信息和有益建议，帮助院校确定专业调整的方向。

最后，劳动力市场还可以与高职院校共建产业学院或实施学徒制度，促进校企合作，加强实践教育，提高学生的就业竞争力和实际工作能力。

总之，劳动力市场的介入和参与对于高职教育专业设置的发展非常重要，它通过提供信息、接纳教师行动研究、参与咨询组织以及共建产业学院等方式，与高职院校合作，为专业的发展和调整提供支持和指导。

4.学生：直接利益的诉求者

传统教育方式要求学生必须恪守"敬听"和"顺承"的原则，使得学生作为专业设置的真正消费者一直被忽视。学生被要求不得抗拒师命，只能被动地接受被安排的角色，学生的需求在很大程度上被忽略。

然而，在20世纪60年代，一些西方国家的大学生试图通过对大学不满的表达来迫使学校进行改革。法国、英国等国相继将学生的权益纳入学校管理体制中，如法国颁布了《高等教育方向指导法》，赋予学生一定的专业设置协商权。

因此，重视学生对专业设置的诉求不仅符合市场经济中生产者与消费者之间的关系逻辑，也是提升专业育人质量的一种新型策略。正如海尔公司的管理文化所表达的观点，"用户的抱怨是我们最好的礼物"，学生的抱怨和诉求也是教育改革和创新的契机。

因此，我们应该关注学生对专业设置的诉求，并将其视为改进和创新的机会。这不仅符合市场经济的原则，也有助于提高专业教育的质量。我们应该借鉴西方国家的做法，将学生的权益纳入专业设置的决策中，从而实现学生和学校的良性互动。

二、预测、预警、开设与调整"四结合"（战略）

（一）预测

预测是通过综合分析市场的外部环境、政策的顶层设计以及组织的内部条件等因素，进行预计和测量的过程。其目的是提前识别机遇和挑战，准确把握现状和趋势，清晰掌握条件和环境，为合理的目标制定奠定基础。预测所依赖的主要方法包括信息搜集法、观察法和分析法等。

在专业设置中，预测在顶层设计方面指的是职业教育工作部际联席会根据三次产业的转移趋势、职业发展变化以及国家特定发展战略等因素，动态调整专业目录。在实践执行层面上，预测是指地方教育行政部门和高职院校根据区域产业需求预测劳动力市场对人员的需求结构、规格和规模，以及对紧缺专业和潜在紧缺专业的探测，为院校的专业设置和持续改进提供方向。

早在1940年，英国经济学家科林·克拉克（Colin Clark）根据威廉·配第（William Petty）1690年提出的关于"产业结构与职业结构相对应"的理论基础，提出了"配第—克拉克定律"。他认为产业结构的变化具有规律性，即劳动力首先由第一产业向第二产业转移，当人均国民收入水平进一步提高时，劳动力便向第三产业转移。换句话说，产业结构的调整与转移推动着就业市场的容量和结构变化，同时也影响着高职院校的专业结构布局规划。因此，针对产业结构调整开展专业设置预测是准确对接劳动力市场的重要环节。

（二）预警

预警是提前对专业的不良状态进行警示，包括"适度外"和"适度内"两个层面。适度外的不良状态指的是专业与劳动力市场的对接存在错位问题，可能由于产能过时或者专业人才培养规模超出需求而产生；而适度内的不良状态则涉及专业与学校的发展定位不匹配、资源不足、人才培养质量不佳等问题。专业设置预警的目的在于调整过时或错位的专业，减少人才过剩专业的布点和招生规模，促进高职院校的专业布局与学校品牌战略相协调，最终提高专业的适度外和适度内。

预警的目标是通过预测和监测，早发现专业存在的问题，并采取相应的调整措施。通过调整部分过时或错位的专业，优化专业布局，使其更好地适应劳动力市场的需求。同时，通过减少人才过剩专业的规模，提高人才培养的质量和专业的内在适应性。专业设置预警的实施可以促进专业外部和内部的适度发展，使高职院校的专业布局与学校的整体发展战略相一致，从而提升教育质量和专业的竞争力。

（三）开设

开设专业可以分为常规开设、特色开设和超前开设。常规开设是高职院校按照教育部的专业目录，对非国家控制专业进行省级备案报送，对国家控制专业向教育部进行申报的过程。特色开设是指学校与企业合作建立的产业学院中的专业，或者是根据社会新需求而开设的专业。例如：湖北江汉艺术职业学院建立了与潜江的小龙虾特色相关的"龙虾学院"（也称为饮食文化学院），根据小龙虾产业链的技能需求设置了"小龙虾"专业及其三个方向；锡林郭勒职业学院根据电子竞技市场的热度开设了"电竞"专业；武汉商贸职业学院开设了"国际管家"专业，以填补市场的空白。超前开设不仅包括开设未来可能出现的新职业对应的专业，如随着乡村振兴战略的实施，传统农业开始向现代农业转变，需要培养"农业经理人"；随着建筑行业数字信息的应用，需要培养"建筑信息模型技术员"等新职业的人才。超前开设还包括对专业目录中已有且未来需求量大的专业进行布点，如根据人口政策和国情变化，扩大招生规模的"学前教育""家政服务""养老服务与管理"等专业。

通过常规开设、特色开设和超前开设，高职院校能够满足不同层面的需求，确保专业与市场的对接和人才培养的质量。

（四）调整

调整是一种反馈控制活动，旨在根据专业预测、预警和开设活动的结果进行纠正。它是一种参考外部信息而实施的内部控制活动，并具有动态性特点。调整具有两个维度。首先，职业教育工作部际联席会根据产业转型、职业发展和国家战略等因素对高职教育专业进行合并、更名、保留或取消等调整，以使专业目录能够更贴近社会发展并有效指导高职院校的专业设置。其次，专业目录的调整仅仅是一个导向性指南，最终专业的开设和调整选择权在高职院校手中，因此，高职院校的专业布局调整才是预测、预警等一系列工作的最终目标。

专业布局调整是教育管理中控制理论的实践应用，可以参考以内部约束为主的全面质量管理理论、管理循环法（PDCA）以及美国COSO报告中的内控制度等方法。调整的目的是通过对专业的运营效果进行反馈、纠正和优化，合并或撤销不适应产业需求、规模过剩或不符合学校定位的专业，并形成自我监督和自我改进的动态调整机制。调整活动旨在确保专业与市场需求的匹配，并促进高职院校专业布局的灵活性和持续优化。

三、定力与张力结合（战术）

定力与张力是高职教育专业设置中的两个关键战略维度，它们代表着固定与变动、行动与保留之间的博弈。在管理高职教育专业设置时，无论是在宏观的管理方法和目录制定上，还是在具体的高职院校专业布局中，都应遵循定力与张力结合的原则。这意味着在动态调整中，需要把握好定力与张力之间的度，既不故步自封，也不过度追求变化。

首先，在整体管理导向方面，需要处理好本质主义与功利主义之间的关系。这就要将知识传授和提升学生综合素质的目标与服务产业转型发展的目标结合起来。在合并和取消专业目录时，不仅要考虑学科知识之间的内在联系，还要考虑专业与产业的对接性。有些人认为，高职院校的专业教育只需教给学生实际操作的技能，不需要传授背后原理，这种观点过于功利主义，将学生仅视为劳动力，忽视了他们后续成长的需求。过度功利主义的专业教育可能培养出的是技术高超但素质匮乏的人才，这是教育中的失误。

其次，要将本土高职教育的局势和情况与国外先进经验结合起来。专业设置既要考虑中国传统管理文化和现有行政体制架构，又要借鉴国外利益相关者共同治理的决策模式。这样可以避免保守陈旧的观念，也避免过度理论化而脱离实际。在消化吸收中逐步迁移和融合国外先进的专业设置管理机制，做出理性的选择。

在具体的高职院校专业布局中，实施定力与张力结合的原则实质上是要处理好专业结构、规模、质量和效益4个方面的关系，不因效益或规模而偏离结构和质量。因此，定力是核心，张力是创新的弹性。定力指的是坚持学校品牌专业及专业群发展的明确定位和坚定意志。在专业开设上，不能盲目追随潮流，而应始终保持对品牌和质量的重视，稳固学校专业特色和基本实力。在专业布局调整上，需要周密评估专业与学校发展定位的契合度，不因既得利益而轻易改变基本专业格局，也不因情感等因素而放弃对不合理专业的调整，始终将支持学校发展定位作为专业布局调整的基本方向。

张力则是建立在定力基础上的智慧和活力，它与定力之间有一定的内在联系和制约。张力的实施并非随意扩张，而是有章可循的。高职院校专业结构优化的张力基于学校品牌专业，以适应和引领地方新产业为基础，在学科基础相似、教学资源可共享、课程可互通的前提下，稳步拓展专业群范围，以实现结构合理、效益提升。这样可以增强学校发展的战略弹性和创新力，增强学校的核心竞争力，达到守正出奇的效果。

第四节　高职教育专业设置建设管理

一、"三对接"的政策依据

2019年，《国家职业教育改革实施方案》提出了"三对接"的理念，即专业与产业、课程与职业、教学与生产之间的紧密衔接关系。这一理念描绘了产业、专业、职业及其辅助要素之间的网状图谱，不仅扩大了高职教育的社会责任范围，还将专业设置与标准化培养联系在一起。因此，为了适应产业和职业的变化，进行专业结构的优化和配套机制的建设势在必行。

当然，管理机制的重构并非凭空想象，而是参考了国际标杆经验和国内的丰富历史积累。这些经验包括瑞士行业协会、职业协会、高等专业学院、政府相结合的专业设置机制，新加坡贸工部、人力部、教育部与行业、企业、理工学院等共同参与专业结构设计的机制，以及澳大利亚行业培训委员会、能力标准委员会与州教育服务处等协同定制培训包的机制。同时还参考了我国1922年《学校系统改革案》中关于给予地方灵活调整空间的政策和1932年《职业学校法》中根据地方需求设立职业学校的政策。

根据经验迁移和现状分析，我国高职教育专业设置的管理机制重构主要集中在宏观层面的全国性专业目录调整与产业更加契合，以及区域行政部门的统筹管理机制和高职院校的校本动态调整机制构建上。也就是说，《国家职业教育改革实施方案》中强调的"强化地方引导本区域职业院校优化专业设置的职责"成为重点。换言之，"三对接"的契合度和精准度的掌控权主要掌握在区域行政部门和高职院校手中。区域行政部门需要引导高职院校合理规划专业布局，使其与区域产业精准对接。对于与产业人才结构不匹配、规模不匹配的专业，区域行政部门有责任要求高职院校进行调整。

同时，由于高职院校招生的90％以上来自院校所在地区，学生毕业后超过96％直接就业，直接服务本地区的比重超过93％，因此，高职院校需要充分了解地区的生产和生活特点，注重课程与职业、教学与生产的衔接情况，根据实际情况因地制宜、根据需求设定课程。举例来说，即使是相同的"水利工程"专业教学，黄河流域和长江、珠江流域由于水资源、河沙、地质、气候等方面的差异，课程和实训等设计必须有所不同，以确保专业的培养目标与质量的实现度较高。

因此，"三对接"政策最终形成的管理机制是专业外部与内部要素的"双联动"，即专业结构、就业结构和产业结构之间的互动，以及招生状况、培养状况和就业状况之间的互动反馈。这种"双联动"的目的是化解复杂劳动力市场上的不确定性，提高高职教育对区域的贡献度。

二、"两条基线、四层管理"的机制框架

新建构的高职教育专业设置管理机制以全国性专业目录为指导，采用了"两条基线、四层管理"的框架。其中，"两条基线"指的是国控专业和非国控专业的设置路线，"四层管理"涉及部际联席会、教育部、省级厅际联席会和高职院校之间相互推动和制约的关系。

新机制与原有机制的不同之处在于管理层级上更注重利益相关者的共同参与。专业目录调整主体从过去的教育部转变为部际联席会，省级专业设置的统筹管理主体从教育厅转变为地方厅际联席会。同时，改进了区域专业设置的统筹管理机制和校本专业调整优化机制的实施程序，明确了各主体的责任边界和具体运行步骤。在专业育人效果反馈方面，增加了行业、企业、学生和评估机构等非行政主体的参与，以协商的方式为高职院校的专业发展提供建议。

同时，新建构的机制考虑了我国现行的科层管理式行政体制的不可撼动性，并借鉴了国外共同治理高职教育的先进经验。它既考虑到整体导向性的重要性，又重视区域教育发展的特殊性。在高职院校的专业开设和动态调整方面强调自主性，同时强调在程序自由下的严谨性和规范性。

总体而言，新机制除了由部际联席会和教育部等进行全局统筹管理全国

性高职教育专业目录动态调整工作和国控专业（约占专业总数的8%）外，区域厅际联席会和高职院校将协作完成占专业总数约92%的非国控专业设置管理工作。因此，新建的高职教育专业设置管理机制主要着力于区域专业设置管理和高职院校的校本专业调整，只要把握好这两个关键点，就可以基本优化高职教育的专业布局。

三、"部际联席会"联合调整高职教育专业目录

在修订高职教育专业目录时，应具备"适应、支撑、引领"的意识，并通过部际联席会从3个方面寻求相关参考资料，即查阅已有资料、挖掘现有资料和分析未来路向，以确保修订的目录与教育教学规律、行业、产业和国家规划等背景相融合。

具体做法如下：第一，参考2017年发布的《国民经济行业分类》，对比其在2011年版基础上的调整点，对现有专业目录进行相应调整；第二，参考2018年关于《三次产业划分规定》的修订内容，找出产业划分与行业分类之间的内在关联性，并调整高职教育专业目录，以适应产业结构调整；第三，人社部在2015年版基础上修订《职业分类大典》，公布因产业、国家政策和信息技术变化而涌现的新职业，为专业设置和就业提供参考；第四，工信部提供和探测未来新兴产业的发展格局，提前设置相关专业以引领产业和信息技术发展；第五，发改委、农业农村部和扶贫办联合挖掘乡村振兴战略所需的职业岗位和核心能力，支持国家战略和精准扶贫；第六，比对教育系统内部的中职和本科专业目录，确保专业设置在3个体系之间衔接递进，为培养渠道畅通做好准备。

特别需要注意的是与中职教育专业目录之间的衔接渠道，因为随着高职教育扩招任务的推进，中职学生将成为高职院校的招生来源之一。此外，随着"高职本科"的实施和"3+2"沟通培养的推进，专业目录的制定也要为高职到本科的衔接育人体系做好准备。

全国性专业目录每年修订一次，每3年进行整体调整，以快速适应或引领瞬息万变的产业转型和信息革命。然而，全国性专业目录仅为指导性的参考，除了国控专业外，地方可以根据地方产业和资源特色制定区域专业目

录，高职院校也可以自行申请开设新的非国控专业。最终，高职院校具有专业设置的自主权，可以选择全国、区域或自主拟定的目录中的任何专业来开设。国控专业的审批权归教育部，非国控专业的审批权由省级厅际联席会负责。

四、利益相关者直接介入的动态专业与实时监控

（一）国控专业

国家为了保证院校能够按照国家要求和学生对专业知识学习、就业等方面的客观要求，特意在新的机制当中对院校的专业设置进行了国控调整，而除了国家宏观控制院校的专业设置之外，对其他方面的内容则没有过多干预。国家对此进行干预的目的不仅在于维持稳定，所以不可能为了"控制"而特意限制当前专业的增加和整改，国家的"控制"主要体现在对部分乱象的干预上，国家干预是为了避免部分院校由于能力或理解等方面的问题而胡乱增加、改动专业从而造成混乱，国家的目的在于帮助当前院校的专业走向综合性、实践性，是一种国家对院校和学生的保护行为。

近些年来，国家对各大院校专业数量的调整紧紧跟随产业变化的脉搏，每年都要删减或增加专业，而且为了避免部分院校盲目跟风等行为，在制度中还强调了专业设置更改所需要经历的步骤——想要证明专业的更改是可行的，院校就必须对此进行可行性论证，在论证过程中要用在校学生、毕业学生、相关行业有关人物、相关企业有关人物，以及具有权威性的来自国家或者非国家机关的人物作为见证者和监督者，总之，需要汇集所有与专业有直接关联的利益相关者共同参与论证决策，论证工作具体来讲可以分为4个步骤：

第一，既然要优化调整专业，那么就一定要有相应的诉求和标准，因此要先成立一个专门负责审核该标准是否合理的委员会以及相关的信息反馈部门，这样才能确保论证会议的有效性和专业调整的严肃性。

第二，针对专业调整背后所代表的产业变化以及人才需求变更等方面的内容进行严谨分析，分析内容需要包括行业的现状、相关企业对人才的需求程度的变化，从国家整体劳动力市场到地方企业的用人数量，总而言之，要

进行宏观和微观两个层面的具体论证。

第三，参与论证工作的"专业研判委员会"代表了绝对的公正中立，需要从客观角度考虑问题并评判结果，其需要充分收集信息资源，综合权衡院校内部的具体情况和外部相关专业就业的前景与现状，院校在内部资源方面优先考察师资力量、实训基地与训练设备购置情况、图书资源与信息资源齐备与否、其他基础设施与场地环境等重要指标，如果指标全都符合国家要求，那么还需要进一步结合学生的学习体验与就业反馈情况等对学校的教学环境进行综合评定；在外部条件方面，需要参与评定的内容包括院校专业对应的就业地点及其周围的经济情况、就业企业规模及其前景，包括专业的出现时间与变化周期等，这些全都是评定专业可靠与否以及院校针对专业进行调整是否合理的重要参考依据，也是形成最终判定的必要前提。

第四，参与评定的成员还有学术委员会，在经历了前面3个步骤的评定之后，学术委员会需要对提交上来的专业变化可行性报告进行严格审查，并根据前面3个步骤得到的结果判断报告的可行性，需要考虑的内容包括变化后的或新增专业与学校的既定发展计划是否存在冲突、是否真的有必要等，并判断在这一过程中需要合并的专业的数量，最终，如果该报告的可行性被证实为较高，才能够通过提案并且按照国家规定的程序完成相关专业变迁。

（二）非国控专业

1. 相关利益者介入

并非所有的专业都是国家控制的，国家控制专业的主要目的是维持职业院校基本功能的正常运转及其人才培养的稳定性，而非要完全控制所有职业院校。在调整机制方面，校本专业和国控专业殊无二致，都是需要通过委员的测评才能够对专业变更文案予以通过，从学校的角度来看，想要变更专业，需要通过来自第三方的监管、企业和学生的共同决策才能实现，按照步骤来看，第一步是与所有参与人员共同完成组织架构，第二步是针对市场、学生、专业以及经济产业等全部相关内容进行具有实效性的需求分析，第三步则要在统筹资源的同时评判专业设置等方案是否合理，第四步也是最后一步，根据前3步分析得到的结果对专业变化进行综合判定，形成统一决策。

与上文提到的国控专业不同的是，校本专业中可能存在大量新兴行业，国控专业大部分都是已经存在很长时间的专业科目，少部分新的专业也是与传统行业存在较大关联性的，相对较为稳定，不需要经常进行过多调整，校本专业则不然，其与区域性产业变化有着更加紧密的联系，对于行业的衍生和变动有着更加直观的反应，从这个角度来看，学校在设置这些类型专业的时候，要把目光放得长远一些，不能仅着眼于眼前可见的内容，更要考虑专业在未来可预期的周期内随着产业和人才需求产生的相关变化，否则就会导致专业变动频繁，对长期稳定教学工作产生不利影响。想要实现这一目标，仅仅靠口头宣告是远远不够的，需要将相关内容写入学校的《学校章程》，并根据国家要求用PESTLE规范来提升专业设置的优越性，提升高职院校的教学能力，PESTLE指的是政治（political）、经济（economic）、社会（social）、技术（technology）、法律法规（legal）、环境（environmental）这6个方面内容的统称。其中政治是国家规范要求和国家指导思想的综合体，是任何院校在开展任何活动的时候都必须充分考虑到的，也是职业院校能够为国家培养人才以及得到国家扶持的根本原因，职业院校需要实时把握国家动态，紧紧跟随国家政治脚步，做出符合政策的行为调整；经济同样是影响职业院校专业设置最主要的因素之一，无论是产业还是企业的用人需求都是基于经济基础产生的，是特定的经济环境下的产物，只要能够把握好经济发展动态和产业变迁情况，就能够在专业设置方面做出优异成绩；社会是人才的来源也是人才的归属，高职院校接收的人才来自社会，其培养出的人才最终也是要回馈社会，这也是人才培养的对接目标；技术能够在一定程度上反映出当前的产业兴旺程度和产业发展情况，可以为专业设置提供具有高度参考价值的辅助；法律法规或者国家规范是专业设置的道路基础与边界，专业设置无论如何改变，都不能超出应有的范畴，国家规范既是保护也是约束；环境是一个可大可小的概念，大环境包括国家乃至于国际的产业发展情况，小环境则是一时一地的产业动态，只有着眼最高处的同时脚踏实地，才能得到令人满意的成果。

2. 由"厅际联席会"取代教育厅部分职能

《国家职业教育改革实施方案》当中明确提出了"部际联席会议"的概念，强调了要通过教育部门、发改委以及人社部门等重要部门共同派遣工作人员组成综合性更强的团队以提升对高职院校专业设置调整的专业性把控，提升高职教育对国家的人才供给能力与国家的人力资源管理功能。之所以提出这样的想法，正是因为不同的省市地区有着各不相同的经济状况和人才需求，同样的新兴产业在不同地区的发展速度各不相同，也会造成对人才需求的差异化，在这种情况下，如果要求所有区域的高职院校全都死板地按照国家统一标准执行同样的专业设置，显然是既不合情也不合理的，因此，在各地成立具有因地制宜能力的委员会以便更清晰地了解院校结构、提升院校人才培养效率与质量无疑是合适的做法。并且全新的委员会组织具备原本的单个组织所不具备的优势，那就是对信息的统筹，单独一个部门能够接触到的信息是有限的，对其他方面的信息即便有所涉猎但是不可能十分清晰，而有着各大部门共同参与的委员会则能够同时利用各部门的信息系统，形成更加全面立体的信息管理体系，用网络治理的方式提升对专业设置的把握能力。所谓网络治理，是一种基于新的高职院校专业设置而诞生的新名词，其本质是一种通过多元化主体的共同参与提升公共服务质量并完成治理工作的先进模式，能够在很大程度上补充传统管理模式下主体单一化所带来的信息不足与缺乏全局性目光等问题，该管理模式代表了一种对"更好、更全面"的治理方式的期望，将来自不同部门的公共权力结合在一起，形成一种更加立体的、合理的、有效的权力利用系统与管理体系，最终带给学生与院校更好的发展空间，从目前来看，解决专业设置问题的最佳方式就是利用"厅际联席会议"制度。

关于成立专业设置的"厅际联席会议"制度，我国的个别省份已经开始探索，如在2020年年初，江西省就发布了《高等职业教育（专科）专业设置管理实施细则》，明确提出在省级层面设立由行业、企业、教育等方面专家组成的高职专业设置指导委员会，委员会不仅对专业设置进行审查，也要建立专业评价机制，根据产业需求动态调整专业。该细则对高职院校的专业设置数量实行总量控制，对每个专业的招生数量也进行了控制，即"平均每专业在校生数不低于180人（农林牧渔、艺术类院校平均每专业在校生数不低于90人）"，目的是避免盲目设置，集中资源办好专业。

因此，厅际联席会议的工作内容并不仅限于根据区域发展情况评判并指导专业具体发展，更重要的是通过一次次数据收集和实战检验打造一个具有普遍意义的信息平台，该会议存在的意义很大程度上在于将区域性信息、劳动市场信息、职业院校教学信息等诸多信息实时动态汇总在一起，从而形成具有实践价值的、能够直接为院校专业设置调整提供帮助的数据库，让专业调整从"摸着石头过河"变得"有数据可依"。

例如，2019年多个部门关于家政专业的联动鼓励与开设取得了一定的成效，在国务院办公厅印发了《关于促进家政服务业提质扩容的意见》后，教育部根据2018年家政服务业的27.9%的增速和有效供给不足等现状，提出每个省份原则上至少有一所本科和多所职业院校开设家政服务相关专业，经过各省（区、市）努力布局，最终，在2019年有72所高职院校开设了家政相关专业，部分本科院校也参与其中，促进了专业设置很好地与人力市场对接。

3. 地方专业目录与国家要求相结合

当前关于专业调整的研究具有一定的迟滞性，造成这一现象的原因除了我国的职业教育发展本身略微落后于欧洲发达国家外，更重要的在于我国当前的国家专业目录修订周期为5年，而随着科技的高速发展，许多非常重要的新兴产业正在不断涌现，这些产业所对应的专业早就应该应运而生，但是由于专业目录修订不够及时，加之有时候某个新兴产业又能够一次性衍生出多个对应专业，某些职业院校尽管有着充足的资金和建设经验，但是并没有办法为当地的学生和企业提供精准有效的教学和人才供给，毕竟专业目录的增设和改动都是需要按照国家标准执行的，而不是在院校觉得有必要的情况下就可以私自改动，尽管从目前的情况来看，这种专业要求会造成一些问题，但是如果职业院校不按照国家要求而是可以随意增设、修改专业，带来的负面影响只会更加严重。

当然，尽管整体来看，国家对高职院校的专业要求利大于弊，但也并不意味着当前的制度没有需要修改的地方，恰恰相反，由于其带来的不便，高职院校对当地企业和学生的精准化高质量服务已经受到阻碍。从我国职业院校的发展史来看，通过依照产业而诞生专业，进而提高办学质量、提升针对地方的人才培养数量的案例并不匮乏，其中比较具有代表性的正是"杭州蚕学馆"，该院校的这一专业开办于1898年，当时蚕丝在我国的需求量较高，对于养蚕，杭州的气候和自然环境等因素与其他区域相比存在天然优势，正因如此，当时的杭州蚕学馆在综合考虑诸多因素后，在当地大力兴建蚕房，并且购买了许多相关的教学设备与材料，最终获得了巨大成功，为杭州培养了数之不尽的相关人才。在随后的许多年里，养蚕不仅是杭州的重要收入来源，甚至在一定程度上为全国的高职院校做出了表率，其他高职院校先是仿照杭州蚕学馆开始养蚕，接着开启了因地制宜的模式，开始寻找最符合当地情况的专业，我国当时最有名的养蚕学者郑辟疆先生正是在这一波"养蚕热潮"中被培养出来的。可见这样的专业设置与教学模式真正做到了"量身定做""量需育才"。

4.常态监控并定期评估

当前我国的专业评估工作已经存在并且有了相对成熟的体系，但是这并不意味目前的专业评估就是符合长期要求的，目前对专业的评估是短期且单一的，一般只有在新的专业出现的时候对该专业进行"基础评价"，对已经存在的专业的潜力进行"上升评价"等，这样的专业评价方式显然是远远不够的，只能够对新专业进行基本评价，很多深入的、更复杂的东西都是在评价过程中无法体现的，既不能完全展现出一个新的专业与所有相关专业的联系，也不能充分体现出专业学习与实际工作、相关产业之间的深度联系，更无法将专业学习、职业需求和人力资源整合为一个立体结构，因此这种评价方式是存在很大问题的。

对专业进行评价的根本目的在于帮助所有人了解专业的内容、存在的必要性、前景以及潜力等，如果不能充分体现出这些内容则评价失去意义，建立新的、立体化的评价方法能够打通不同职能部门之间长久存在的隔阂与信息交流渠道，从而获取更加全面、及时的信息资源，建立一个能够实时监控市场与院校的信息平台，最终根据新兴专业的报考率、就业情况、就业口径宽窄、企业需求程度等方面的信息对专业的建设力度进行科学合理的调整，最终帮助院校和学生获得更好的专业信息。

五、面向社会的"目录+院校+教学点"策略

面对各种生源在学习基础、从业经历、认知特点、发展愿景等方面的

差异性，2019年，教育部等部门印发了《高职扩招专项工作实施方案》、教育部办公厅印发了《关于做好扩招后高职教育教学管理工作的指导意见》，目的是因材施教、按需施教，多元而灵活培养，因此，原有的以学科基础为分类标准的专业设置与人才培养定位已经很难适应新时期扩招的人才培养需求。在这种新形势下，省级专业设置统筹管理部门必须主动求变，鼓励高职院校进行社会扩招人员专业设置的探索与研讨工作，并充分给予院校自主决策权。高职院校作为扩招主体必须在专业设置上积极应变：第一，在教育部现有专业目录下设置专业，但必须对现有专业人才培养方案进行改革，根据扩招生的特征实行专门定制。第二，与扩招的各个教学点合作，根据教学点的办学基础优势等设置招生专业，如和中等职业学校合作培养时，以办学点的现有专业，尤其是优势专业为基础（师资条件和实训资源丰富），开设相近的高职专业；和企业合作培养时，以企业现有的实训资源和培训优势开设相关专业，并实行导师制、师徒制等个性化教育，同时也可以实行在岗即学习、学习即工作的学分认定、积累和转换制度。

总之，对社会扩招生实行"目录+院校+教学点"的专业设置策略将是高职教育改革的新挑战，其实施机理如下：专业设置的主体是高职院校和扩招办学点；专业设置的选择依据是教育部高职教育专业目录，或者高职院校目前已经开设的专业，或者根据办学点的资源条件设置新的专业；专业设置的管理机制是高职院校以自下而上的方式提出专业设置方案和具体名称，报省教育厅专业设置统筹管理部门，统筹管理部门汇总后发起专业设置的"厅际联席会议"，联席会议根据区域内产业发展、人才需求等综合因素来决策扩招的专业设置名称，如果通过，将由专业设置统筹管理部门备案，并下发各高职院校执行，也要对这些新设置的专业实行全专业常态监控及定期评估机制，为专业优化或退出做好研判工作。

虽然本书设计了针对社会扩招生培养开展专业设置的策略，但这只是一种小范围内的例外原则和权变管理之策，因为扩招对个体来说是一种人生发展机遇，但就高职教育的整体而言，其数量在人才培养规模中却占比较小，假设全国高职院校每年都能完成100万人社会扩招计划（2019年招生116万人），那么全国1 430所高职院校每校平均招生只有700人，而根据2019年招生的实际情况，许多高职院校由于条件限制无法承接社会扩招生，如作为全国高职院校最多的江苏省，通过两轮扩招后依然没有完成招生计划。因此，针对社会扩招生培养的专业设置涉及面较小，应该采用因地制宜的方式，重点考虑设置那些扩招生容易学习，并且是区域经济建设急需、社会民生领域紧缺和就业率高的专业。

第六章 高职生源结构分析与人才培养理论

第一节 高职生的构成成分与学业能力分析

一、我国高职招生制度分析

中华人民共和国成立初期，恢复秩序、全面办学、全面育人，为接管全国和发展经济培养了大批人才。1977年恢复高考制度以来，教育事业逐步走上正轨，稳步发展，招生数量逐年上升，教育质量逐步提高。自从1985年推出教育体制改革以来，推出了校长负责制等一系列教育体制机制改革的新举措，教育管理的变革促使教育事业在质量上有了长足的进步。到了党的十四大提出建立社会主义市场经济体制的目标以来，学校规模成倍增长，办学主体日趋丰富。

至目前，我国的教育已经有了翻天覆地的变化，无论从规模上、结构上，还是从质量上都已经有了极大的提升，其地位与刚开始恢复高考时，已经不可同日而语。其中，职业教育发展迅猛，尤其是高等职业教育发展更为迅猛，它们有灵活的招生机制、有广阔的招生范围、有自己独特的人才培养模式、专业建设特色、体制机制创新等，这些都得益于高职院校的不断探索创新、国家高考制度的改革。

在国家教育、考试改革大背景下，各省也组织了大胆的高职招生制度改革。其基本理念就是：探索并形成多元化招生录取的体制机制，确保不同基础、不同类别、不同水平的学生有毕业就业的机会，体现出习近平总书记在全国职业教育工作会议上号召的"让每个人都有人生出彩的机会"的精神。同时，还要兼顾民族地区人才培养。

在高职院校单独招生（简称单招）方面，首先从提高认识入手，既不能看低单招，认为生源质量不行，也不能高看单招，以此来解决生源等。其次是实行严格的单招管理。一是逐步扩大高职院校单招的范围，从最初的国家示范院校到国家骨干院校、省示范院校、省示范培育院校、办学水平评估合格院校、现代学徒制试点院校等；从最初的2所学校、2个专业、200个名额到现在的占高职院校招生总计划60%的规定出台。二是强化单招管理，提高对单招重要性、必要性的认识，提高中职生对参加考试、提升学历的认识；严格制定和审批单独招生章程，严格把控招生宣传；严格执行考试程序、考试内容、考试形式等政策与程序，实现"阳光招生"，坚决反对"无底线、无节操"招生，反对超计划、超能力招生。三是确定就业好的专业才进入单招，就业率低于全省平均水平的专业不得进入单招。四是重视技能高考，各高职院校在单招过程中，充分依据自己的办学优势与特色，招收不同类别的高技能、高特长类考生。

职业教育基础好、底子厚、成果丰，是教育强国的重要组成部分和有力支撑，在整个教育体系和经济体系中的作用将日益突出，面临新的重大发展机遇。但同时应看到，新发展格局的构建和数字化改革带来了全方位变化，人口变动趋势和产业向高端提升，这些都对职业教育发展提出新挑战、新要求，职业教育与经济社会特别是产业的深入互动和融合模式倒逼职业教育供给侧改革。如何强化职业教育发展的良好基础，并转化成人才强国、创新强国的重要助力和支撑，城市职业教育在人才培养目标定位上的调整和路径、功能、结构、效率上的突破都已迫在眉睫。各省职教系统要善于把握机遇，提升能力，直面挑战，谱写新时代城市职业教育发展新篇章。

二、高职生的构成成分

目前全国高职院校的高职生来源主要是通过高考方式进入。随着考试制度的改革，各省情况有所不同，生源成分越来越复杂。目前的高职院校大致有如下几类的学生：

（一）普通高中毕业考生和职业高中毕业考生

这部分人从每年的普通高考（含职业高考）或单独招生而来，是高职的主要生源，考试录取分数大致是专科段的二专考生。对于单独招生，一般的招生章程采取的是"知识+技能"考试的方式，是为"技能高考"，其命题方式如下：

1.综合素质测试题

（1）普通类：主要考查考生的表达能力、心理素质、思辨能力、礼仪、职业倾向和社会适应能力等基本素质。

（2）技能类、特长类职高考生：由招考院校制定的各专业技能测试方案命题，主要考查考生的表达能力、心理素质、思辨能力、礼仪、职业倾向和社会适应能力等基本素质。采用现场考核、答问、无领导小组讨论等方式进行。

2.民族地区"9+3"考生考试题

（1）笔试题：考试内容为德育、语文、数学合卷考试。

（2）技能测试题：采用现场考核的方式进行，主要考查考生在中职阶段所学专业应该掌握的专业技能。

3.对口高职技能测试题

根据对口高职考试大纲的命题标准，制定出技能测试题及评分标准、综合素质观察等试题。

中职生主要指普通中专、职业高中、成人高中、成人中专、技工学校学生，主要通过对口高职高考或单独招生考试而来。职高生也可参加普通高考，可以直接考应用型本科大学，主要考文化课，如语文、数学、英语，专业基础课和专业课，达到一定分数线后，由本省自行选录，有专科、本科2种选择。对口升学招生考试一般由省教育招生考试院组织，在本省院校中实施招生。

4.特长生技能测试题

根据报名情况命制所需特长生技能测试题及评分标准、细则来实施考试。

（二）五年一贯制学生

五年一贯制学生主要是前3年读中职，经过转录考试，后2年读高职，毕业拿专科文凭。

（三）民族地区"1+2"学生

为了配合民族地区培养各类人员，对普通高中毕业生在高考当年的专科建档线上直接降80分录取。第一年为中职生，第二、三年为高职生，毕业拿高职专科文凭。

（四）为民族地区培养各类专业人才的学生

这类学生属于民族地区初中毕业生中的一部分，即完成了九年义务教育后，进入中职院校读书3年，毕业后可以参加工作，也可以参加高职的单独招生升学考试，是为"9+3"考生。他们的单招不与一般单招相同：招生章程不同、考试大纲不同、考题不同、录取分数不同（按一定的比重录取），入校后待遇一样，都是高职生。

（五）中高职衔接生

目前，中职生参加高考的比重越来越大，录取率也越来越高，在中高职衔接的体制机制创新中，出现了许多人才培养一体化的中高职衔接教育，为中职生学习、考试、升学创造了条件，他们中有相当多的人能够通过单招考入高职学习，这类学生严格讲算是中职生，但是，他们进入中职就参与了中高职人才培养立交桥的一体化衔接教育，学习的知识、技能、职业操守、创新创业等更为全面和系统。

（六）"双高职院校"制度

"双高职院校"的意思是中国特色高水平高职学校和专业建设计划，是教育部、财政部实施的"双高计划"，是党中央和国务院为建设一批引领改革、支撑发展、中国特色、世界水平的高等职业学校和骨干专业（群）的重大决策建设工程，亦是推进中国教育现代化的重要决策，被称为"高职双一流"。

"双高计划"旨在打造技术技能人才培养高地和技术技能创新服务平台，引领职业教育服务国家战略、融入区域发展、促进产业升级。"双高计划"每5年一个支持周期，2019年启动第一轮建设。

2019年12月10日，教育部、财政部公布《中国特色高水平高职学校和专业建设计划建设单位名单》，正式公布中国特色高水平高职学校和专业建设高校及建设专业名单，首批"双高计划"建设名单共计197所，其中高水平学校建设高校56所（A档10所、B档20所、C档26所），高水平专业群建设高校141所（A档26所、B档59所、C档56所）。

（七）来自社会的各类需求人员

有为了学历参加成人高考进入高职学习的，也有非学历的各种形式的国家培训、省级培训、校级培训，还有社会机构、企事业单位、无业人员、农民工培训等构成复杂、庞大的高职院校生源结构。

目前，我国单招生总数在逐年增加，尤其是对口高职考生在显著增加。四川省规定的单招计划从最初的2所学校、2个专业、200个计划的试点，逐步到单招院校当年录取计划的20%—30%，2018年共有109个单招学校，报考人数共计9756人，其中男性占比40.9%，女性占比59.1%；2019年共有108个单招学校，报考人数共计8930人，其中男性占比40.1%，女性占比59.9%；2020年共有110个单招学校，报考人数共计8500人，其中男性占比40.5%，女性占比59.5%。现在的总体趋势是普通文理考生呈下降趋势，对口高职考生呈上升趋势，且中职生的升学比例越来越大。

总之，现代高职教育生源成分越来越复杂，还包括专升本学生、专本连读学生、应用型本科生、本科套读学生等学生成分，需要高职教育做好相应的针对性，做好人生铺路教育，"让每个人都有人生出彩的机会"而不是淘汰式的高职教育。高职生正常毕业水平为92%左右，就业率近90%左右。所以，需要适应性更高的高职教育。

三、高职生学业水平分析

高职生这一群体由于是高考录取的最后批次，又由于构成成分的复杂性，他们入校后的表现可以说千差万别，学业方面的差异更为显著。本书集中从学生构成情况、不能毕业状况、成绩方面的原因等方面揭示高职人才培养的困境。

（一）现有高职学生的基本构成

目前我国高职人员中更多偏向于理论型人才，未来可能还会有应用型高职本科生、研究生、注册生等，构成相对复杂的学生群体。且他们之间存在学业水平、智力水平、心理水平、兴趣爱好特别是学习态度、学习能力和自我意识等方面的诸多不一致。

（二）现有高职学生成分分析

根据多年的数据统计分析，高职生的毕业状况中究竟什么阻碍了他们的毕业呢？高职的人才培养水平该如何判定呢？

（1）现在的高职学生构成成分越来越复杂，今后还会有应用型本科生、注册生、网络生、普通类本科生、跨读生等，虽然其中主要还是普通文理和对口高职考生，但是，随着国家政策导向、市场自发调节等因素的影响，今后高职院校主要招收对口高职学生。那么，高职学生的生源成分会越来越复杂，比例会发生结构性改变。生源的各种水平（知识、技能、适应力、心理素质等）表现会差异显著，对这些学生的教育教学和管理，成了高职院校面临的共同难题。

（2）目前来看，不能毕业学生的比重占毕业年级学生总数的6.93%，在95%的统计区间无显著差异，说明不能毕业比例具有稳定性。

（3）当前，我国普通专科生占5.93%，且普通专科不能毕业学生之间无显著差异；五年一贯制不能毕业学生占22.71%，各年级五年一贯制不能毕业学生之间无显著差异；民族地区"1+2"不能毕业学生占23.26%，各年级之间有显著差异，这与样本总体少有关；首届民族地区"9+3"学生不能毕业比例为30.77%。但是，不同种类不能毕业学生之间在95%的统计区间有显著差异，这说明不能毕业学生之间存在学生类别差异。应该关注不能毕业比例更高的五年一贯制学生、民族地区"1+2"学生和民族地区"9+3"学生。

（4）我国不能毕业的学生之间存在差异性，导致其不能毕业的理由有显著差异的不规律性也存在某些特殊原因。第一，管理要求的差异性带来英语证书通过率的巨大差异；第二，在计算机等级证书方面，除普通类和五年一贯制学生外，同一类别不同年级之间、各类之间都存在显著差异；第三，几乎所有无法毕业的学生成绩都很差，其比例至少为80%以上；第四，我国不能毕业的学生中男生占绝大多数，约93％左右的延迟毕业、肄业生均为男性，男生个性化严重是一方面原因，另外，学校培养方案也同样是导致这一结果的原因。因为心理学早已证明：从总体上讲，男女智力发展是均衡的，只是男生中居于两端的极端数据要略大于女生。因此，现行的高职人才培养过程造成这么大的性别差异，需要各环节加以注意，特别要关注男生的发展。

高等职业教育是高等教育层次的职业教育，培养适应生产、建设、管理、服务一线需要的高素质技术技能人才。高职教育既要体现"教育性"，也要彰显"职业性"。高职院校的生源类别复杂，学生个体差异大，客观上需要开展分类分层人才培养改革。任何教育教学改革都离不开理论指导、缺乏理论支撑的实践是盲目的。高职院校分类分层人才培养须以因材施教教育思想、最近发展区理论、多元智能理论等为理论基础。

第二节　因材施教的高职教育思想

一、因材施教教育思想的基本内涵

（一）因材施教教育思想的逻辑起点

因材施教是教育工作者特别是教育专家深入总结教育实践，对教育实践进行理性升华和理论加工而形成的一种教育思想，是人类对教育活动现象的一种高度抽象的理解和认识，能提高教育活动的科学性和有效性。这种教育思想基本内涵的朴素表达是根据受教育者身心发展特点、受教育经历等实际情况设计差异性的教育，目的是通过教育使受教育者"人人出彩""各尽其才"。

1.受教育者的个性差异

受教育者的个体差异是因材施教教育思想的逻辑起点。由于遗传素质、成长环境、教育经历、主观能动性发挥状况等因素，受教育者身心发展都存在明显的个体差异。以心理发展为例，不同的受教育者，表现出各具特色的个性，"人心不同，各如其面"就是这个道理。就心理发展而言，受教育者的差异主要表现在个性心理倾向和个性心理特征两个方面。

（1）个性心理倾向。世界观在个性倾向性中处于最高层次，起着主导作用，它决定着一个人的需要、动机、兴趣、理想及信念。个性倾向性是人们在实践活动中逐渐形成和发展起来的，反映了一个人与客观环境之间的相互关系。个性倾向性也随着一个人成熟与发展阶段的不同而不同。在儿童时期，支配其心理与行为的主要个性倾向是基本需要和兴趣；青少年时期，理想逐步上升到主导地位；成年以后，人生观、世界观支配着整个心理和行为，成为主导的个性倾向。

（2）个性心理特征。个性心理特征是指个人身上经常表现出来的比较稳定的心理特征，它决定着一个人的稳定的心理面貌，是将人与人区别开来的特征因素之所在。个性心理特征包括能力、气质和性格。能力是直接影响人们活动效率的心理特征，它决定人们单位时间内的活动成效，诸如身体疲劳状况、活动情境等对活动效率都有影响，但它们是通过影响能力发挥情况而影响活动效率的间接因素，非直接因素。能力可分为一般能力和特殊能力，一般能力指认识能力，如观察能力、记忆能力、思维能力和想象能力等，也称为智力，它是影响认知活动效率的因素；特殊能力指在特定活动或职业领域中表现出来的能力，如绘画能力、音乐能力、机械操作能力等。气质指表现在人们的心理和行为方面的、稳定的心理特征，这些特点不受个人活动的目的、动机、内容等的影响。气质是表现在人们心理活动的速度、强度、灵活性、稳定性方面的特征，属一个人心理和行为活动的"风格"，与活动内容无关，俗称"脾气"，受个体高级神经活动类型影响，无好坏之分。性格是个人对客观现实的态度以及由此决定的行为方式的总和。性格主要是后天形成的，受环境和教育因素的影响，一经形成，就比较稳定，它在个体个性体系中居于核心地位。

2.科学的学生观

受教育者是具有个性差异的人，任何教育活动无视这种普遍存在的个性差异，理论上是错误的，实践中是有害的。受教育者的个性差异是教育机构和教育者学生观的来源。科学的学生观应体现以下3个方面：

（1）学生是人。教育的对象是人，是活生生的生命存在。人具有丰富多彩的内心世界，有人的尊严和思想感情。教育者必须承认并尊重学生作为大写的"人"的存在，以促进学生的成长和全面发展作为终极目标，杜绝一切"非人化"的思想、方法和手段。

（2）学生是成熟中的人。人的成长发展是有规律的，表现出固有的阶段性特征。中小学生乃至大学生，身心都未成熟，其心理和行为方式都显示出不同程度的幼稚。教育应承认并尊重这种幼稚和不成熟，避免以成人的眼光和标准看待和要求学生，要容忍学生身上出现的各种缺点和错误，针对这些缺点和错误要积极引导和教育他们，促进其不断成长和发展。

（3）学生是独特的人。受教育者的遗传素质、后天环境、教育经历不同，其身心发展的速度和水平都具有明显的差异，即便是同一年龄群体，也是如此。就个性倾向而言，学生的兴趣爱好可能迥异，学习动机也有差别，人生观带有个体色彩，对未来的人生设计和职业取向各有不同。因此，教育面对的是有差异的对象，如以高度统一的教育设计开展教育活动，难以保证有效的教育成效，难以真正达成应然的教育目标。

（二）因材施教教育思想的历史演进

"因材施教"是我国古代的一条重要的教育教学原则，它是在春秋时期孔子兴办私学、教授诸生的实践中创立的，距今已有2 000多年的历史。当时的孔子对同一问题进行了两种完全不同的回应和解答，他的学生子路性情豪放，行事鲁莽，需要外在的教育约束，冉有则在做事的时候总是退缩，所以更需要鼓励，因此即便两人咨询同样的问题他也会分别给出答案。一般认为，孔子的因材施教只是"雏形"或"始发"的，是我国教育领域因材施教思想的源泉，随着教育实践的不断发展，教育研究的日益深入，因材施教教育思想逐渐升华、成熟，成为一种普遍的教育指导原则。

到近代，众多教育家在古代先贤的基础上，根据教育的时代要求，对因材施教有了更深入的认识。陶行知先生将因材施教教育思想融于教育实践之中，在创办育才学校时广设分组，不论是教育中的分组，还是分组的依据，都充分考虑到了学生的个体差异，是一种有效的教育实践。

从上述论述中可以看出，在我国因材施教教育思想有着悠久的历史和丰富的内涵，是思想家、教育家对教育规律的揭示和对教育实践的总结，这一思想对后世教育产生着深刻的影响。

（三）因材施教教育思想的时代内涵

因材施教教育思想有着深厚的历史积淀，是教育先贤留给后世的宝贵教育精神财富，和一切人类文明成果一样，随着社会的发展和教育的进步，因材施教教育思想不断丰富新的内涵。站在当今教育新时代的高度审视，孔子乃至以后封建时期的因材施教教育思想无不体现明显的历史局限性。虽然因材施教在不同的历史时期有着相同的精神实质，但其内涵和要求都呈现较大的差异，也就是说，在当今时代，因材施教也有现代化的问题。

1. 因材施教与教育公平

教育公平是社会公平的重要基础，是人类社会追求的目标，更是衡量一个民族、国家文明水平极重要的标志。现代社会，个体的后天发展与其受教育程度密切相关，教育公平因此成为影响个人成长和终身发展乃至人生幸福的重要因素，从这个意义上讲，教育公平是一个国家重要的民生问题。教育公平是人类社会不断努力的目标，有各种各样的表现，概括起来，主要表现为条件公平、机会公平、过程公平和结果公平。

事实上，受教育者的天赋秉性是有差异的，对未来工作生活的期望和设计也不一样，再者，社会对人才的需求也具有不同的类型和层次，因此，标准化的教育既不现实，也是有害的。真正的教育公平是指为每个受教育者提供"合适"的教育，即根据受教育者各方面的不同情况，特别是兴趣爱好、天赋优势等，使受教育者"各得其所"。

现代社会，因材施教的意义并非孤立地体现于教育领域，并非单纯的教育思想、教育原则，还有更深刻的社会意义。一方面，随着社会的发展和人类文明程度的提高，人本思想早已深入人心，以人为本成为现代社会一种重要的思想理念，甚至制度安排，任何人都有通过教育得到成长发展的权利、过幸福生活的权利；另一方面，现代社会社会分工愈发精细，职业门类越来越丰富，无论是社会还是作为未来从业者的学生，更关注的是受教育者走出学校大门以后，能否顺利地适应社会、适应劳动岗位，能否有尊严地工作和生活。这些都为教育提出了特殊的要求，任何教育活动都必须着眼于受教育者的未来发展和终身幸福，通过教育，使每个学生成才、出彩，各得其所。

2. 因材施教与教育效益

教育的应然使命是促进受教育者的成长、发展。作为一种社会活动，教育也要讲效益，教育效益体现为各种教育参与方，特别是学校，其教育资源投入与教育产出之间的比重关系。教育的直接产出就是学生的培养质量，值得注意的是，现代社会，精英教育早已不是教育的代表。站在社会发展和人类文明的高度，教育的培养目标不是造就个别的社会精英，教育应面对全体学生，以促进全体学生的成长发展为基本要义和目标追求，以此为基点和视角看待教育效益，方为正确的选择。

教育成长的关键是认真研究，深入了解每个学生，以此为基础，设计科学的教育组织形式、科学的教育方法，为相同的人提供相同的教育，为不同的人提供不同的教育，在人人平等享有公共资源的前提下，为个性发展提供更好的条件。也就是说，对学生要区别对待，但区别对待不是等差对待。目前，相当部分学校在尝试弹性学制，丰富选修课程，以此适应不同学生的个性化需求，追求学生的个性化发展。还有的学校特别是高等学校，实行分类、分层教育，为不同知识基础的学生设定差异性的学习内容和学习目标，这些都是因材施教教育思想在实践中的体现，可提高教育效益。但在上述实践操作中，如刻意将优质资源配置于某些"优质"群体，以强化"精英"培养，则是错误的做法，与因材施教的思想理念背道而驰。

二、因材施教的基本要求

（一）了解、研究教育对象

教育的对象是人，是学生，教育的培养目标体现在学生符合社会和教育要求的变化方面，教育活动的有效性只能由学生的成长发展指标来衡量。因材施教要求教育面对每个学生，针对学生的基本情况，特别是针对学生个性差异开展差异性的教育教学工作。因此，从逻辑上讲，了解、研究学生即是因材施教的基础和前提。目前，教育中的一个突出问题就是对学生了解不深入，不能有的放矢地开展教育教学活动。

对学生的了解和研究不能是"碎片化"的，应是系统的，只有系统化的信息才是"真相"的反映，才能做到学校和教师对学生"心中有数"。从学校的系统制度化设计来讲，应建立完善的学生信息档案，且对学生基本信息做全面的、深入的分析，在此基础上，向所有任课教师和相关教育者做系统交流，为教育过程的因材施教奠定建设的基础。

（二）正确处理"教"和"学"的关系

"教"和"学"的关系是教育学的基本理论问题之一，"教"与"学"是教师"教"和"学"生学的统一，是"教""学"的互动和交流，在这一过程中，教师是主导，学生是主体。在传统教学中，教师负责"教"，学生负责"学"，教学活动呈现教师对学生的单向教育培养的特点。这种教学活动，教师是教育活动的主宰，未能正确处理"教""学"两个变量的关系，难以做到真正意义上的因材施教。

（三）正确处理一般要求和发展特长的关系

目前，学校教育代表性的教学组织形式是班级授课制，同一班级，学生年龄相当，身心发展具有相当的共性。在这一前提下，同一班级的教学内容、教学进程、教学方法是基本一致的，一定程度上讲，能提高教育效益，但也极易导致"一刀切"，将本应具有丰富内涵的、生动活泼的学生成长人为地"标准化"。诚然，就学科教学而言，标准化的教学要求是必要的，甚至是不可缺少的，但站在学生成长发展这一高度和视野，这种"标准化"就显得粗糙和浅薄，也是一种非人性化的倾向。因为它客观上排斥了学生之间的个体差异，难以考虑和照顾到学生的学习基础和学习诉求，当然也难以做到因材施教。教育教学过程中的因材施教，正确的态度和做法是将对学生的一般要求和发展学生特长和谐统一起来。根据特定学制阶段的基本要求和目标定位，强化基础知识、基本技能和态度价值观的教育培养，保证教育的合格和基础的相对扎实，特别是基础教育，宜实行底线评价和合格性评价。在这一前提下，进一步丰富教育的内容，根据学生身心发展的优势和自身的兴趣爱好，积极开发特色课程，组织特色活动，使学生在特色课程、特色活动的学习过程中发展个性，发展特长，真正做到因材施教，学生"各尽其才"。

三、高职院校因材施教的困惑

（一）人才培养模式的特殊性增加了因材施教的难度

高职教育培养的是适应生产、建设、管理、服务一线的高素质技术技能型人才。这一人才培养目标定位客观上要求高职院校开门办学，密切学校与社会，特别是与产业、企业的联系，走产教融合之路，积极实践多样化工学结合、校企合作的专业人才培养模式和教、学、做一体的课程教学模式。因此，较之普通高等教育，高等职业教育与社会、产业、企业的联系更加紧密，教育教学活动的设计和安排更加复杂，单纯的教室、图书馆难以达成培养目标。高职学生的学习场所，有时在课堂，有时在实训室，有时在企业；高职学生的学习内容，有时是专业理论知识，有时是实际操作；高职学生的学习形式，有时是班级，有时是小组；高职学生的教师，有时是学校专业教师，有时是企业师傅……上述特点决定了高职院校全面了解学生的难度，特别是对学生的即时学习状况更是难以准确把握，如何根据学生的基本情况因材施教是值得认真思考的问题。

（二）生源层次的复杂性制约了教育活动的针对性

高等职业教育是大众化的高等教育，它极大地满足了人们接受高等教育的需要。但同时也带来了生源层次复杂性的问题。以四川职业技术学院为例，学生主要有以下6个方面的来源：

1. 通过普通高考录取到校的学生

通过普通高考录取到校的学生，这部分学占新生的比重大致为40%，这部分学生文化基础知识较全面，较扎实。

2. 通过对口高职考试录取到校的学生

学生参加对口高职考试，按专业类别录取，这部分学生中学阶段接受的是中等职业教育，具有一定的专业知识和专业技能，但文化基础知识较为薄弱。

3. 通过单独招生考试录取到校的学生

随着高职院校考试招生制度改革的深入，单独招生考试逐步成为高职院校招生的重要渠道，目前，通过单独招生考试录取的考生已占新生人数的

40%左右。这部分学生既有普高学生，也有中职学生。

4.民族地区"9+3"学生

"9+3"，即在9年义务教育的基础上，对部分民族地区孩子再提供3年的免费中职教育。这是四川省在探索少数民族地区教育事业发展过程中的一项创举。这类学生占四川职业技术学院新生的比重约为5%—7%，他们具有一定的专业基础知识，但文化基础相对薄弱。

5.民族地区"1+2"学生

国家对民族地区未上专科线的学生降分录取，就读高职院校。这部分学生文化基础知识相对薄弱。

6.五年制大专学生

五年制大专，即"2+3"五年制大专，又称"初中起点大专教育"，招收参加中考的全国初中毕业生、高中未毕业的学生，达到录取成绩后，进入高等院校学习，前2年学习中职课程，后3年学习高职专科课程，学业期满颁发五年制大专毕业证书。五年制大专学生具有一定的专业技能，但文化基础知识较差，这部分学生占四川职业技术学院新生的比重约为5%—6%。

如上所述，高职院校生源结构复杂，各类别学生之间，甚至同类别学生之间，学生文化基础知识差异大，以参加普通高考录取进校的学生为例，最高分与最低分差距可达200分以上，这种现象在普通本科院校是不存在的。在各类别的学生中，有的具有一定的专业基础知识，有的没有任何专业基础；有的同类别学生能单独组班，有的不能单独组班。也就是说，同一班级可能存在几个类别的学生，这为教育教学和人才培养照顾学生的个体差异带来了相当大的难度，必须为不同类别的学生确定差异化的培养标准，施以差异化的教学内容和考核方式。因此，高职教育的因材施教具有更特殊的意义，同时也带来了相当大的挑战。虽然各院校为此开展了深入的实践，但真正可以大面积推广的成熟经验并不多。

（三）综合性的培养目标定位带来了因材施教的复杂性

高职教育是高等教育层次的职业教育，作为一种特殊类型和层次的高等教育，高职教育必须体现教育的宗旨和要义，全面实践素质教育理念，将学生的素质培养放在突出的地位，彰显高职教育的"教育性"。教育的对象是人，培养人是教育的本质所在，这就决定了人是教育最基本的着眼点。这一结论性理念具有深厚的教育哲学和教育学理论基础，为专家学者广泛认同。

单就培养目标而言，高等职业教育承担着特殊的使命，既要关注学生综合素质的教育，也要重视对学生专业职业能力的培养，加之学生类别的复杂性，使得高职人才培养工作异常复杂，需认真研究和积极探索。特别是如何针对各类别甚至各个学生的实际情况，形成科学而有效的人才培养方案，深入实践因材施教的教育理念是一个系统工程，须系统设计，周密安排。

高职教育是一种特殊类型和层次的教育活动，虑及其培养目标和生源类别，实行分层分类人才培养是应然之举，分层分类人才培养也正是因材施教教育思想的集中体现。

第三节　最近发展区理论与多元智能理论

一、最近发展区理论

（一）最近发展区理论提出的背景

应根据儿童智力发展情况设计教学活动，即教师的教学工作需适应儿童现有心理发展水平，无论是教学内容的选择，还是教学进度的安排，都必须考虑学生现有心理发展水平，学生现有心理发展水平是教师开展教学必须认真考虑的问题，也是教师了解、研究学生的核心问题。如果教师对学生现有发展水平处于茫然状态，教学活动的设计和安排也就缺乏起码的依据。但教学仅仅将学生现有发展水平作为教学活动的前提和依据是不合理的，甚至是错误的，学生的发展不仅是教学的依据，还是教学的目标。也就是说，作为教学基础的学生发展是学生的现有水平，作为教学目标的学生发展是可以预期学生下一步的发展的。

教学在学生发展中具有决定性的作用。维果茨基从他的观点出发，革新了儿童智力发展水平的测量方法，他认为传统的儿童智力测验方法是不科学的，因为它仅仅关注了儿童目前的"静态"水平。事实上，在传统智力测验中，某些儿童不能独立解决的问题，借助成人的指导和帮助，可能顺利解决。也就是说，目前儿童需要成人的帮助才能顺利解决问题，有可能下一步他们就能解决。根据这一思路，维果茨基创立了新的儿童智力测验方法。新方法测验儿童智力水平分两次进行：第一次，测验儿童独立解决问题的智力水平，即先前所谓的"现实水平"；第二次，测验儿童在成人帮助和指导下解决问题的水平，即儿童智力的"潜在发展水平"，两次测验成绩的差异，即为儿童下一阶段智力发展的可能，这种潜在的发展可能正是教育教学所追求的，值得教育者密切关注。基于此，维果茨基认为教学活动实施之前，教育工作者应准确把握儿童的两种发展水平，即"现实水平"和"潜在水平"，并由此确立儿童的最近发展区。以上即是维果茨基最近发展区理论提出的背景。

（二）最近发展区理论的主要观点

1.最近发展区的内涵

在维果茨基最近发展区理论中，最近发展区是一个重要概念，按照该理论，学生的"现有发展水平"的关键点在于学生不借助"外力"能顺利理解知识、解决问题。而"可能发展水平"是指在学生现有发展水平基础上，凭借自身潜力和外在教育资源，通过接受教师的教育、帮助和指导，学生可能达到的发展水平。正因为学生有"可能发展水平"，教育才具有存在的价值和必要，教育的功能就是要将学生某一阶段的"可能发展水平"转化为下一阶段的"现有发展水平"，这一转化过程就是学生的发展过程。在学生"可能发展水平"和"现有发展水平"之间存在一定的距离，这一距离称为"最近发展区"。

2.最近发展区理论的基本观点

维果茨基最近发展区理论的基本观点主要体现在以下3个方面：

（1）学生发展水平。最近发展区就是学生独立完成任务和解决问题与在外界的帮助下完成任务和解决问题之间的差异和距离。这种差异和距离并非难以逾越，通过科学、合理的教育措施和学生自身的努力，这种差异是可以跨越和消除的。形象地说，可能发展水平就像挂在树上的桃子，学生要顺利地摘到桃子，取决于两个因素：一是学生必须跳起来，也就是学生必须尽到努力，必须尽可能发挥自身的主观能动性；二是教育要传授给学生"跳"

和"摘"的方法和要领，要解决如何"跳"和"摘"才最省力、最有效果的。通过自身的努力和教育的帮助，学生一旦能顺利地"摘"到桃子，即意味着跨越了从现有发展水平到可能发展水平的距离，一定阶段的发展也就顺利实现了。值得注意的是，这种跨越并非静态的，学生的可能发展水平是相对的。对学生来讲，今天的可能发展水平，明天也许就是现有发展水平，如此延续，保证了学生发展的不间断性。转化能否顺利，取决于教学的有效性和学生自身的努力程度。

（2）教学应当走在发展的前面。如前所述，学生的发展意味着其能顺利地跨越现有发展水平和可能发展水平之间的距离，在这一过程中，教学至关重要。因为在学生发展的特定阶段，其可能发展水平仅仅只是"可能"，这种"可能"要"实现"，单凭学生的潜质和主观努力是不够的，可能发展水平毕竟是超越现有发展水平的一种理想状态。在这一背景下，学生的知识基础、解决问题的方法等方面都有一定的差距。如果没有"外力"帮助，随着自身心智的日益成熟和经验的不断积累，学生或许也能达到可能发展水平，但现代社会对个体成熟度和身心发展水平的要求越来越高，如此"顺其自然"的发展模式极难适应社会和环境。事实上，学校教育是经过精心设计的有计划的系统性影响，学校开展的教育教学活动能高效率地帮助学生完成从现有发展水平到可能发展水平的跨越，这也正是教育教学的基本功能。

教育在了解和研究学生现有发展水平的基础上，应具有更高的立足点和更高的视野，毕竟教育的目标体现在未来，必须对学生在教学中的发展进行合理的、实事求是的设计和预期。设计和预期反过来成为教师组织教学内容、优化教学过程的依据，这一观点在教育实践中具有重要的现实意义。

（3）最佳教学期。维果茨基提出了最佳教学期的概念。他指出任何教学活动都有最合适的、最佳的时期，只有当学生身心成熟、准备情况达到一定程度的时候，实施教学活动才是最有效的，教学的最佳期限与最近发展区紧密相关。

第一，教学要选择最佳时期。对学生来讲，开启任何新的学习都是有条件的，其核心问题就是学习内容的难度，如果学习内容过难，可能发展水平与现有发展水平差距太大，学生大脑中缺乏同化和处理新知识的原有认知结构，学习过程势必会遇到各种障碍，从而影响学生对新学习内容的掌握。当然，通过延长学习时间、增加作业量等措施，或许也能帮助学生完成学习任务，但这种教学是不经济的，效率不高的。相反，如果学习内容过于容易，学生通过自己的努力就能完成学习任务，那么教学的"教"对学生的指导、帮助作用就无从体现。上述两种情况实际上都是对学生的最近发展区的把握欠准确，由此选择的教学期不科学、不合适，学生要么"跳起来都摘不到桃子"，要么"不跳就可以摘到桃子"，无论哪种情况都不是教学的理想状态。因此，任何教育教学活动都必须根据学生的最近发展区选择最佳教学时期，只有在最佳教学时期开启教学活动，才是最有成效的，才能促进学生的最佳发展。

第二，最佳教学期处于动态变化之中。最佳教学期来源于最近发展区。对学生来讲，无论可能发展水平还是现实发展水平都是相对的，这一阶段是可能发展水平，下一阶段就是现实发展水平，也就是说，学生的最近发展区不是凝固状态的，是不断变化的，最佳教学期亦然。因此，针对每个新的教学内容，教师都应认真研究学生的最近发展区，确定可以教学的时间，如此，方为有效的教学。

第三，学生的最佳教学期各异。因遗传素质、后天环境和个体主观能动性的发挥等方面的差异，同一年龄群体，学生的知识基础、个性特征都存在明显的差异。也就是说，某一特定的教学阶段，学生的现实发展水平是不一样的，现实发展水平不同，可能发展水平注定是有差异的。因此，学生的最近发展区会因人而异，在某一学生属现实发展水平的，对其他学生也许是可能发展水平。最近发展区的个性化必然导致最佳教学期的差异，这就给教学工作提出了挑战。在班级授课制的背景下，如何针对各个学生的最近发展区确定不同的最佳教学期，是每一位教育工作者都必须认真对待、深入思考的问题。

（三）最近发展区理论对高职教育的启示

高职教育是大众化的高等教育，其目标是培养社会各行业、各个职业领域所需要的高素质技术技能型人才。现阶段的高职教育，生源结构复杂，学生个别差异显著，人才培养模式和教学模式较普通高等教育具有独特的个性，因此，高职教育的教学和人才培养活动更加复杂，加之我国的高职教育还远未成熟，教育教学改革还不深入，这些都在极大程度上制约了高职教育教学质量的提升。为促进我国高职教育的发展，不断提高人才培养质量，必须深入研究高职教育规律和高素质技术技能型人才成长规律，主动寻求科学的教育理论的指导，优化教育教学过程和人才培养过程，以期达成高职培养目标。

1. 准确把握高职学生的最近发展区

最近发展区是学生现实发展水平和可能发展水平的差距，最近发展区的准确把握需要弄清学生现实发展水平和可能发展水平，就现实发展水平而言，由于生源结构的复杂性，高职学生现实发展水平呈现明显的差异。以文化基础知识为例，有的学生文化基础知识较为扎实，有的学生则很差，同是参加普通高考的学生，考分差异可达200分以上，特别是英语和数学等学科，差异愈加明显，而这些学生都必须学习大学英语、工科类专业的学生还必须学习高等数学。学生的专业知识、技能基础更是差异显著，对口职教类学生具有一定的专业基础，普通类学生则可以说是零基础。就可能发展水平而言，由于学生的现实发展水平差异大，其可能发展水平更是纷繁复杂，共性成分少。因此，高职学生的生源情况为最近发展区的准确把握带来了相当的困难，但最近发展区理论为高职教学提供了明确思考问题的方向，无论是宏观意义上的高职教育，还是微观意义上的高职课程教学，都必须清楚每个学生的现有发展特点和水平，准确把握学生目前的状态，并据此确定学生下一步符合实际的发展目标，专业知识的教学如此，专业技能的培养亦然。在对高职学生最近发展区把握不准的情况下开展教学活动，势必导致教育教学活动缺乏针对性，这样的教学效果是可想而知的。准确把握高职学生的最近发展区最有效的方法是针对每个学生建立学习过程档案，这种学习过程档案非教学管理部门管理规范层面的，一般由班主任（辅导员）和任课教师完成，要通过查阅学生个人资料、访谈等方式摸清学生各方面情况，做到教师对学生心中有数，这是有效教学的前提，也是最近发展区理论的价值所在。

2. 积极实践新型的因材施教观

因材施教是源于我国古代的重要的教育教学思想，对我国各个历史阶段的教育活动产生了深远的影响。即使在当代，因材施教依然是各级各类学校教学改革必须遵循的重要原则。

随着社会的发展和教育的进步，我国因材施教教育思想的实践价值自不待言，任何思想和理论，其产生和创立都具有一定的历史条件和背景，都将随着历史的发展而被赋予新的时代内涵，不断焕发出新的生命力，因材施教教育思想也不例外。传统的因材施教观聚焦的是学生现有发展水平，主张根据学生身心各方面的发展情况组织教育教学活动，学生的现有发展水平是开展教育教学活动的依据。教学活动开启之初的"了解学生""研究学生"也主要是为了全面掌握学生学习某一特定内容之前，在知识、技能等方面的基本情况。根据维果茨基的最近发展区理论的基本观点，教学活动单纯掌握学生现实的发展状况是不够的，它仅仅是基础和前提。任何教育教学活动的目标都是为了促进学生的发展，就具体的教学内容或教学阶段而论，通过教育教学达成的可预期的学生发展是有差异的，这种差异既有水平的差异，也有进程的差异，因此，教学必须走在学生发展的前面。教学活动除了关注学生的现实水平之外，更应关注学生通过教育教学活动将要达到的理想状态。此即是新型因材施教观的基本内涵，基于这种内涵，因材施教之"材"不应是单一的、静止的，不应是单纯的学生学习之初在身心发展各方面表现出的基础和准备状态，还应包含学生可达到的理想状态，这同样是"施教"的依据和立足点。

新型因材施教观对高职教育教学工作具有重要的指导意义，虑及学生各方面特殊的差异，整齐划一的教学目标设计理论上是错误的，实践中是有害的。无差别的教学进程安排是不科学的，无助于全体学生学习目标的达成。学生的现有发展水平和可能的发展水平应作为同等重要的两个因素进入教师的视野，如此方为正确的选择。

3. 强化学生主体、教师主导的新型师生关系

我国传统教育理论对教师的角色定位于"传道、授业、解惑"，教学过程中，教师是主宰，控制着整个教学过程，学生始终处于被动地位，其主观能动性的发挥受到极大的制约。根据维果茨基的最近发展区理论的观点，学习与发展是一种社会的合作活动，它们是永远不能被"教"给某个人的。它

适于学生在他们自己的头脑中构筑自己的理解。而正是在这一过程中，教师扮演着"促进者"和"帮助者"的角色，指导、激励、帮助学生全面发展。这与当代教育学"教师主导、学生主体"的思想是一致的。

最近发展区理论强调教学过程中学生的主体作用，学生是学习过程的主宰，有效的学习最终体现为学生对知识的建构。最近发展区理论重视教师的主导作用，教师应是教学过程的设计者、组织者、学生知识建构的指导者。面对新的学习内容，对大多数学生而言，其原有认知结构可能是无序的、碎片化的，离开了教师的指导和帮助，难以形成条理性的、系统的认知。值得注意的是，教师对学生的指导和帮助，绝非传统意义上的灌输，而是以学生原有知识经验为基础，引导学生从原有的知识经验中生发出新的知识经验。

高职教育面对的是已成年的高职学生，学生的心智发展已成熟或接近成熟，更重要的是，高职学生生源结构复杂，学生的个体差异显著，因此，如何针对每个学生进行有效的教学值得深思。其中一个非常重要的问题就是，必须准确把握学生的最近发展区，清晰学生的现有发展水平和可能发展水平，有的放矢地开展教育教学活动。

二、多元智能理论

个体的智能结构是有差异的，各自存在优势成分和劣势成分。这一理论对高职教育教学实践具有现实的指导意义，它蕴含着科学的学生观、教学观和学生评价观，为高职因材施教提供了强有力的支撑。

（一）多元智能理论概述

1. 多元智能理论的背景

20世纪50年代，美国科技界、教育界展开了一场轰轰烈烈的教育反思和改革浪潮，其主旨核心是在传统教育重视科学教育的基础上，将艺术教育放到突出的位置。"零点项目"的目的在于研究和探索学校如何强化艺术教育，开发学生的形象思维。

自20世纪中叶，外来人口在美国人口中的比重日益提高，且移民来源结构也呈现多样化的趋势。多元化的语言与文化背景对教育提出了特殊的要求，其中的核心问题是，在尊重多元文化并存的背景下，如何确保教育的公平，确保每个受教育者都有通过接受教育获得成功的机会。在多样性的文化中深入挖掘多元化的、可利用的教育资源，为美国教育提供了坚实的理论支撑。

"零点项目"是有关艺术教育的研究项目。奈尔森·古德曼（Nelson Goodman）认为，艺术不仅来自灵感，也不单纯是情感和直觉的产物，还与创作者的认知活动密切相关。当时，各级各类学校普遍重视学生的逻辑思维和科学教育，对形象思维和艺术教育的认识和研究极不深入。该项目在教育学、心理学、艺术教育等方面获得了丰硕的研究成果，同时，对艺术教育实践也产生了广泛而深远的影响。

霍华德·加德纳是美国著名的发展和认知心理学家、教育家，同时也具有深厚的神经心理学和艺术方面的造诣，在"零点项目"实施的过程中，他针对特殊儿童和正常儿童的艺术心理和创造力进行了深入的比较研究，在波士顿退伍军人医疗管理中心从事博士后研究期间，其对大脑受伤病人的研究，取得了显著的成果。他用了20年的时间，对正常人以及具有先天特殊才能的人，在大脑受到不同程度伤害之后，会出现什么样的情况进行了研究。在临床研究中，加德纳发现，大脑受到伤害以后，并不意味着病人的各种能力完全丧失，实际的情况是有的能力丧失，有的能力却未受影响。这表明，人的大脑皮质有各种各样相对独立的生理区域，它们各不相同、各司其职，对应影响和决定个体某一方面的智能或能力，也就是说，人的智能是多元化的。

2. 多元智能理论的基本内涵

传统智力理论将数理逻辑能力和语言能力作为智力的核心，认为人的智力主要是以这两者整合而成一种能力，也称一般能力，并由此设计了智力测验的实践。早期编制的智力测验多采取个人测验的形式，这是单独评估心智功能的最好方法。以韦克斯勒量表纸笔测验为例，测试内容包括文字推理、数字运算、普遍常识以及非文字推理等项目。这种测验在实践中产生了深远的影响，但它并未揭示智力的全貌和本质，对智力的定义属于狭隘定义，其科学性也受到各方面的质疑。

（1）个体身上都存在多种智力，且是相对独立的。临床医学实践表明，患者遭受大脑损伤以后，其相应的某一种能力降低甚至丧失，但其他能力依然健全。智能相对独立意味着即使个体具有某一方面的较高智能水平，如语言能力，并不一定意味着其他智能的高水平，如数理逻辑能力，语言能力和数理逻辑能力都只是个体智能结构中的一部分，他们是相对独立的。由此，以检测语言智力和数理逻辑能力为主的传统智商测验是不科学的，用这样的方式评价人才与选拔人才，是片面的、有害的。

（2）环境和社会文化影响个体智能的发展。虽然每个个体身上均存在8种智能的表现，但是由于所处的环境不同，所受的文化熏陶不一样，通过长久的潜移默化的影响，智能的发展方向和水平会有不同的表现。比如，从智能发展方向角度来看，在能歌善舞的民族文化影响下，由于音乐节奏智能和身体运动智能被重视，该民族的人普遍表现出对音乐和舞蹈的爱好，这一环境下生活的人们就共同表现出"音乐—节奏"智能和"身体—运动"智能发展较好的智能特征。而从智能的发展程度来看，不管是哪种智能要发展，发展到什么阶段、何种程度，都与环境和教育的影响息息相关，尤其是教育的影响。

（二）多元智能理论揭示的智能类型

加德纳认为，个体的智能是多元的，不仅包含某一方面的智能，智能是多样的并且相对独立存在的，这些智能类型跟某一特定认知领域或者知识范畴相联系，支撑着多元智能理论，组成其基本结构。个体的智能是个体相对独立存在着的、与特定的认知领域和知识领域相联系的8种智能：语言智能、数理智能、节奏智能、空间智能、动觉智能、自省智能、交流智能和自然观察智能。

（三）多元智能理论对高职教育的启示

如果千百万不同领域、不同职业甚至不同劳动岗位面对的都是标准化职能类型的人，那么，职业之间的个性化要求如何满足呢？如何体现呢？客观上，数控机床的操作工人和旅行社带团导游就应该具有各自优势的职能类型和结构。因此，多元智能理论的核心思想与高职教育的特征具有高度契合性，高职教育可从多元智能理论中寻求指导。

1. 树立多元智能的人才观

人才观是高职教育的重要问题，它涉及对人才的评价和培养标准。人的智能类型不同，其培养的标准、培养的方式和途径也将呈现应有的差异。谈到高职教育，社会乃至高职院校自身总是存在一种较为普遍的认识倾向，认为高职学生文化基础差，是被普通本科院校"遗弃"的学生，各方面发展水平与普通本科院校学生相比，均有较大的差距。诚然，就文化知识的学习，高职学生确实不如本科学生，但这种比较基于的是学科学业评价，按多元智能理论对个体智能结构的定义，学业评价远未完整反映学生的智能水平。可以这样讲，高职学生中广泛存在着各领域的"天才"。高考更多的是属于学业评价，不是智能评价，单凭高考成绩对学生进行层次定位是不科学、不公正的。

每一个体的职能类型和倾向都是多种职能的集合。有学者将个体智能类型分为抽象思维和形象思维两大类，通过后天的发展，具有抽象思维主导优势的个体，可以成为研究型、学术型专家，而具有形象思维主导优势的个体，则可以成为技术型、技能型、技艺型专家。就社会人力资源需求来讲，研究型、学术型专家必然是少数，更不能代表社会需求的全部，社会需要更多的是各领域的技术技能人才。

职业院校是基于社会需求定位的一种教育类型，高职学生未来的职业生活将面对具体的技术技能岗位，学生的智能结构与这些岗位都具有契合的成分。高职院校应树立多元智能的人才观，树立人人能成才的教育观，充分认识学生智能结构中的优势成分，因势利导，扬长避短，实践科学的人才培养模式和教学模式，发现人的价值，开发人的潜能，发展人的个性，以达成人人成才、人尽其才的目标。

2. 树立因材施教的教学观

教育教学活动必须重视学生个体差异，特别是学生智能差异，体现因材施教的教学观。

（1）基于个体智能差异的个性化教学设计。

根据多元智能理论，每个学生身上都存在8种智能，但这8种智能在每一个体身上的组合方式是不一样的，有的是数理逻辑智能占优势，有的是语言技能占优势，有的是操作技能比较突出。也就是说，教学所面对的学生"人各有智""智各有异"，高职学生这种差异则更加显著。因此，教师必须树立多元智能的学生观，承认并正视学生间的智能差异，通过查阅档案、访谈、观察等方式，准确把握学生的智能差异，特别是要准确把握学生智能结构的优势成分和劣势成分，对全体学生的智能状况做到心中有数。针对学生的智能差异，进行多样化的教学设计，克服传统教学"一刀切""齐步走"无视学生个体差异的错误倾向。

个性化教学设计可从以下两方面着力：一是开展分层教学。根据智能发展状况、学习基础情况，将学生分为若干层次，针对每个层次定位科学的、实事求是的学习目标，确定合适的教学内容，设计差异性的教学进度。例如，对文化基础好、逻辑思维能力强的学生，在专业理论知识的学习上，学习内容可适当拓展；对文化基础较差的学生，可在一定程度上弱化专业理论的学习，增强专业技能的学习，以操作训练表征其学习方式，使不同智能类型的学生充分发挥其智能优势成分。二是针对"特殊学生"设计差异性的教学方案。特殊学生有各方面的表现，如有的学生长于写作，有的学生长于设计，有的学生动手能力特强等，如果教育"对路"，这部分学生以后可能就是各个领域的"专家"和"能手"。高职院校应据此对学生进行个性化的预期，在教学活动的设计上做到"一人一案"。例如，对动手能力强、长于实际操作的学生，可立足于技能操作训练，以项目任务为学习单元，以各种形式的技能大赛为载体，打破原有的教学体系，不追求专业知识的系统化，让学生在实践中学习和锻炼。这部分学生在常规教学中可能是学习的失败者，但在新的教学设计中，完全可能是佼佼者。虑及高职教育的培养目标，这样的佼佼者也正是我们所期望的。

（2）为学生提供多样化的学习资源。

高职院校一要强化学生学习资源建设、优化资源结构。除反映学科理论知识的内容外，更重要的是要着力建设"四新"（新工科、新农科、新医科、新文科）学习资源，畅通校企合作渠道。校企共建学习资源，保证学习资源及时完整地反映行业、企业发展动态，特别是某一领域的新技术、新产品、新工艺、新方法。对此，应建立完善的专业学习资源库，既要重视常规资源建设，更要突出扩展资源建设。就高职学生的智能差异来讲，扩展资源往往具有不可替代的功能和作用，它能为学生提供个性化的学习内容，体现因材施教的教育理念，促进学生的个性化发展。

二要重视综合素质学习资源建设。高职教育培养的是高素质劳动者，高职院校应强化学生综合素质的培养。现代社会，社会分工越来越细，新的职业门类不断出现，劳动者很难凭借单一的职业技能支撑一生的职业生涯，必须具有较强的职业生涯可持续发展能力，这就对高职学生的职业综合素质提出了特殊的要求。因此，高职院校应将学生综合素质课程资源建设作为课程资源建设的重要内容。综合素质课程资源建设应聚焦"工匠精神"的主题，强化严谨、责任、奉献等职业精神。对此，部分高职院校开展了深入的实践。有的院校专门成立了"人文与科技训育中心"的中层机构，专司高职学生综合素质教育，建立了科学而完整的"五柱一平台"高职学生综合素质训育体系，创新了"训""育"结合模式手段，建设了包含近百门课程综合素质训育课程库。课程资源完整、结构合理、信息化水平高，为高职学生素质教育的有效开展奠定了坚实的基础。学生综合素质课程资源建设要立足学生不同类型的素质培养，立足不同类别和层次学生的个性化需求，聚焦学生思德素质、文化素质、科技素质、艺术素质、心理素质等各个领域，采用自建和购买相结合的方式，集成数量足够、质量上乘、信息化水平高的课程资源体系，保证素质教育的顺利开展。

三要强化课程资源的信息化建设。在现代教育背景下，课程资源的信息化建设是课程建设的重要内涵，也是课程建设的重要手段。现代社会，学习方式发生了深刻的变革，高职教学改革必须与此相适应。传统的高职教学活动一般限于教室、图书馆、实训室等，其原因是课程局限化，课程的信息化水平不高，学生的学习内容、学习场所、学习方式受到极大的制约。更为重要的是，传统课程因为课程资源的集成化程度低，无法满足学生个性化的学习需求。因此，高职院校应加强课程信息化建设，以信息化课程资源库建设为抓手，完善课程资源结构，提升课程内容信息化呈现的水平，以此为基础，深入推进教学改革和学生学习方式的变革，做到人人可学、随处可学。

学生通过接受教育"各得其所"，促进学生的个性化发展。

（3）改革教学模式。高职教育培养的是各职业领域高素质技术技能人才，职业能力是人才培养目标的核心。这一价值取向与普通本科院校有显著的区别，它不刻意追求理论知识的深度和系统性，以"必须""够用"为原则。因此，学生专业技能教育、专业能力的培养就成为高职教学的核心任务。按照教育心理学理论，知识教育和技能教育分属不同领域，遵循不同规律。知识教育解决的是"知""懂"的问题，技能教育解决的是"会""熟""巧"的问题；知识教育依靠的是严密的逻辑推理和演绎，技能教育依靠的是符合规律的练习和训练。高职教学必须对此进行深入研究，准确把握高职教育规律和技术技能人才成长规律，积极推进教学改革创新，特别是要强化教学模式的改革，教、学、做一体。在教学组织上，打破班级的限制，实行学生学习的弹性分组制，建立差异化课堂。

学生以一个完整的工作任务为项目载体，通过程序化的操作进行学习，将学习内容融入工作过程中，学习过程即工作过程。这一过程，教、学、做有机融合，相互促进，有效避免了"在黑板上教学生种田""在教材中教学生操作机器"的传统教学的弊端。需要注意的是，教学中实施的项目必须是系统化的，应符合一定职业领域的实际，项目的集合应体现完整的工作过程。此外，项目的设计和教学安排还应充分考虑高职学生的个体差异，特别是智能类型的差异，使学生的优势智能在学习过程中得以充分体现并不断提高。

3. 树立科学的评价观

站在教育促进学生成长发展的高度，不同职能类型的学生，其发展的内涵是不一样的，数理逻辑思维能力强的学生，其理论知识的学习效果就可能好；操作能力强的学生，技能水平就可能高。如果以传统理论知识的标准评价上述两类学生，第二类学生无疑将得到负面的评价结果，甚至会被冠以学习差的结论。果真是这样吗？高职学生未来将进入具体的技术技能型工作岗位，可以预料，在工作岗位上对上述两类学生的评价可能与以上结论产生较大的差异，甚至大相径庭。于是，也就不难定位高职学生的评价指导思想问题。

（1）重视过程性评价。过程是结果的来源，评价的目的不在于形成结论，而在于诊断和改进，在于不断优化过程。就高职教育教学来讲，我们应更多地关注学生的学习过程，基于过程来评价学生，完整、真实地记录学生学习的轨迹。过程性评价的目的在于通过评价，使教师及时掌握学生的学习情况，并据此调整和修正教学安排，能使学生及时获得学习的反馈信息，随时对自身学习状况做到心中有数。

（2）关注特质性评价。现代职业教育追求的是学生个性化、特色化发展，同质化的教育产品不符合社会的用人取向。因此，高职教育对学生的评价不应是标准化、同质性的，应针对学生的优势发展和各自未来的职业倾向进行符合实际的、人性化的评价。

第七章　高职多元人才培养

——以成果为导向的人才培养

第一节　成果导向教学标准与策略

一、人才培养方案与专业教学标准

国家层面的专业教学标准侧重于普适性的标准，人才培养方案需以此为基础，结合地域及本校特色做出更加具体的描述。一般来讲，专业教学标准由行政或业务主管部门负责组织制定，我国现行高职专业教学标准是由教育部各行业职业教育指导委员会办公室组织制定。国家层面的专业教学标准，是职业院校人才培养方案制订的依据，而不是人才培养方案本身。

在人才培养的过程中，每个院校均需要结合本校的定位和特色来制定相应的具体化的专业教学标准，即人才培养方案。实践中有院校将专业人才培养方案称为"专业教学标准"，也有院校称为"专业人才培养方案"或"专业规范"。本书所提及的专业标准和专业规范，都是泛指"专业人才培养方案"，但区别在于本书所提及的专业规范是指基于成果导向理念的专业人才培养方案。

二、人才培养方案的设计思路

（一）结构

专业标准（或专业规范），是一个专业人才培养的指导性文件，用来清晰地说明学生的学习领域和毕业的资格条件。在这里，以美国学历资格框架

（DQP）为例加以直观说明。

　　学历资格框架的主体结构包括五大学习领域、三大学历层次。按学生学习过程的累积性规律对每个学习领域设置了学业要求的一个或多个参照条款，且不同学历（副学士、学士、硕士3个层级）的参照条款各不相同，本书中所展示的是对应我国专科层次的副学士学历框架。它按照学习成果模式，并强调使用布鲁姆教育目标分类中的动作技能对参照条款进行表述。

　　其中，对学习领域详述如下：

　　（1）专门知识。专门知识是学生攻读某一专业学历所涉及的专业领域的相关知识。学生要想取得学历，必须在所攻读专业的领域掌握各界（如高等院校、用人单位等）期望其所能达到的专业知识与技能要求。

　　（2）广泛和融合的知识。美国高等教育明确其教育重点在于学生能广泛地学习。为了让学生在其专业领域的工作环境或社会环境中自如面对复杂的问题与挑战，学生需要具备通过探索、联结和应用跨领域的概念与方法来整合广泛知识的能力。教育的重点不再是专业与职业能力，而是综合素质能力。当然，这并没有弱化对专业能力的要求，而是通过融合与应用，来培养学生在真实而复杂的环境中灵活应用专业知识与技能并持续学习的能力。

　　（3）智力技能。智力技能是良好认知能力与操作能力的表现。学历资格框架参考近年来各高等院校应用实践的反馈，归纳了6项在高等教育阶段需要培养的智力技能，包括解析探究、信息资源利用、多元化视角、道德考量、表达与分析、沟通技巧。这6项智力技能没有学科界限，并与其余4个学习领域交融。学生需要习得这些智力技能并能灵活应用专门知识与广泛知识，以作为今后持续学习的基石。

　　（4）应用和协作学习。美国高等教育强调应用学习，并将其视作最关键的一项学习成果。应用学习注重培养学生应对非常规问题的能力、权衡竞争态势的能力、在模糊环境下进行决策的能力，也包括学生的主动学习与创新能力。

　　（5）公民和全球学习。毕业生要学会承担公民责任是高等教育被广泛承认的目的之一。美国高等教育正在尝试用新的方法来培养学生有效的公民和全球意识，将经验式学习或者职场实地学习作为一种手段，提高学生对公民与全球背景相关环境的卷入程度。

学历资格框架强调，上述学习领域交叉互融、没有学科界限，适用于不同类型的高等院校，当然，不同类型的高等院校在这五大学习领域的侧重点可能有所不同。另外，为增强适应性，学历资格框架也提出各高等院校可以根据自己的特点设置第6个学习领域。

学历资格框架以"以学生为中心"及"学习成果导向"教育理念为基础。从这一角度来看，学历资格框架与我国高等职业教育当前的改革和发展重点是一致的。目前，不少国家示范性高职院校已经在教学改革和课程建设中应用与推行成果导向教育，并取得成效，也有研究论证成果导向教育与当代职业教育在教育理念、教育目标及教育重心等方面有较强的适应性。同时，我国高等职业教育的人才培养重点将从岗位技能逐步转移到培养全面发展的人才，倡导的通识教育与专业教育的融合，更为我国高等职业教育进一步深化改革的方向提供了启发。

（二）特点

（1）学校每个专业共用一套体系。学校所有专业均采用同样的体系制定每个专业的专业规范，即基于成果导向理念的人才培养方案。

（2）需要各专业结合本专业制定并实施。每个专业都有专业特性，在制定每个专业规范的时候，需要结合本专业的特性来进行。

（3）属于学校、专业、学生之间的协议。专业规范体现以学生为中心理念、学生进校在开展新生入学教育的时候，先进行专业规范的教育。学校与学生签订协议，获得学生认可，体现学生与学校、教师的平等主体关系。

综上所述，所谓的专业规范，是基于学历资格框架，在学校、教师、学生3个平等主体之间达成的用于人才培养与专业教学的指导性文件。每个专业均应当结合本专业的特点来制定相应的专业规范作为人才培养与专业教学的指导性文件。

三、专业规范与传统的人才培养方案的关系

专业规范与以往的人才培养方案既有联系也有区别。两者的共同点体现在专业规范本质上也是一种类型的专业人才培养方案；两者的不同点主要体

现在专业规范是基于成果导向理念设计的，主要有以下4个方面的不同：

（1）理念不同。专业规范更多强调的是成果导向的反向设计，高职院校人才培养方案更多强调工学结合。侧重点有所不同，专业规范侧重设计理念；人才培养方案侧重实施理念。

（2）教师的地位不同。在专业规范中，教师会主动关注本专业的人才培养方案，清楚地理解所授课程在整个人才培养过程中的贡献度；而在以往的人才培养方案中，教师对人才培养方案漠不关心，只负责好所安排的课程教学即可。至于为什么开设该课程，该课程在人才培养中的支持度如何，则基本不考虑，处于被动状态。

（3）学生的地位不同。专业规范处处体现以学生为中心，从入校开始到课程学习，均体现学生的中心地位；而在以往的人才培养过程中，学生则是被动地接受教师所安排的学习任务。

（4）性质不同。专业规范中从专业层面到课程教学层面，均通过非正式协议的关系来确定课程整体设计情况；而以往的人才培养方案则属于教学管理文件，是由教育部门和专业负责人所使用的，普通教师很少了解本专业人才培养方案的内容。

第二节　成果导向教学结构及内容

一、专业规范的基本结构

专业规范一般包括前言、专业一般信息、课程体系、课程教学进程表、教学基本条件、教学实施建议、专业预期学习成果等。

二、专业规范各项内容解析

前言部分主要介绍产业、行业发展现状及其对人才需求情况的分析，以及本专业简介，该部分主要突出人才需求情况。

专业一般信息主要包括专业名称和专业代码、所属学院、颁授证书名称、入学要求、培养目标、基本学制、毕业标准、基本和最长学习年限、就业方向等信息，与国家颁布的相应专业教学标准指导性框架内容一致。

课程体系部分主要包括课程类型以及课程的学分矩阵分布情况。课程类型主要包括思政与博雅教育板块以及专业教育板块。思政与博雅教育板块主要包含公共基础课、公共任选课、公共限选课3个类型；专业教育板块主要包括专业通用课、专业核心课、专业综合训练课、专业选修课4个类型。每个院校可以根据本校的特色将课程分为不同的板块来构建课程体系。

课程的学分矩阵分布内容主要体现专业课程中每个课程对专业的贡献度，以及每门课开设的必要性和重要性。课程教学进程表主要体现课程的开设逻辑顺序、课时分配情况、周课时情况、课程性质等内容。教学基本条件及实施建议主要体现在教学实施过程中的师资条件、实训条件、信息化教学条件等。制定时应根据课程性质的不同，提出课程实施的建议。

基于DQP的成果导向的人才培养方案的制订，以来自社会、产业、行业、企业、学校、学生的需求为起点，以DQP为工具制定人才培养目标，根据目标从5个维度提出学生的毕业标准，毕业标准的达成通过对学生的专业预期学习成果的评价进行商量，以专业预期学习成果为依据构建专业课程体系，课程以课程规范作为指导性文件实施，通过对教学实施的评价以及专业建设的评价，结合各方评价的反馈结果，找出专业人才培养过程中存在的问题或短板，持续对专业人才培养方案进行调优，以逐渐改进实现人才培养的目标，满足社会各方的需求。整个过程体现反向设计和持续改进的原则。

三、专业规范制定过程中几个关键点关系的认知

需求主要包括社会需求，产业、行业、企业的需求以及学校、学生的需求，需求是确定培养目标的依据；培养目标主要由毕业生、企业、学校管理者、教师、在校学生依据需求来制定，培养目标需要满足人才需求；培养目标为毕业生能力提供了依据，毕业生所具备的能力反过来支撑培养目标的实现；课程体系以毕业生能力为依据进行构建，课程体系又支撑毕业生能力的实现；同时，毕业生能力又为教学提供了依据，教学的实施支撑毕业生能力的实现。

四、专业规范的制定过程

（一）人才需求分析

人才需求是制定培养目标的依据，人才需求有内部需求和外部需求两方面。内部需求分为家长和学生的需求，以及学校办学理念和定位的需求，从学生和家长的角度来看，侧重于当前的需求；从学校的角度来看，主要考虑到学校当前及长远的定位和规划。外部需求主要包括宏观需求和微观需求两个方面，宏观需求主要是国家社会层面，如产业转型升级、职业教育政策、智能制造等方面；微观需求主要是行业、企业岗位方面，侧重于职业能力（专业知识、方法能力、社会能力）方面的诉求，而这也是确定培养目标的重要依据。

以物流管理专业为例，该专业的毕业生就业群主要涉及业务员、助理人员、客服、外贸专员、操作员、货代岗位、运输类岗位、仓储类岗位、采购类岗位、报关报检、文员等。这些岗位对学生的要求有采购、仓储、运输货代、报关、单证等专业知识；市场营销、会计、质量认证、统计、商务平台等跨专业知识；信息搜集、分析、沟通、道德标准、创新等能力；应用协作、协调、团队合作等能力；有职业规划、认真、细心、责任心、懂外语、吃苦耐劳等要求。

从毕业生的反馈来看，学生认为物流专业知识最为重要，其次是认真、细心、责任心、有职业规划等，再次是应用能力和团队合作能力、信息搜集、分析能力、多角度分析问题能力、道德标准和沟通，最后是跨专业知识的需要。从企业对岗位职业能力要求的角度看，对人才的需求主要集中在专业核心知识、工作态度、责任心、吃苦耐劳、应用、协作能力、信息搜集、沟通、分析等方面，即专业能力、方法能力和社会能力3个方面。以DQP为工具，人才的需求主要体现在专门知识、广泛和融合的知识、智力技能、应用和协作学习、公民和全球学习5个领域。制定专业规范时关键点在于利用DQP工具将企业职业能力的需求转换为5个领域的要求，即将专业能力、方法能力和社会能力转换为5个维度的要求。通过调研对比可以得出两个角度并不矛盾，内容上有一致性，如物流管理专业。可见，企业所要求的有职业规划、认真、细心、责任心、外语等内涵正好对应DQP中的公民和全球学习维度；应用、协作、协调、团队合作对应DQP中的应用和协作学习维度；信息搜集、分析、沟通、道德标准、创新等对应DQP中的智力技能维度；市场营销、会计、质量认证、统计、商务平台等跨专业知识对应DQP中的广泛和融合的知识维度；仓储、运输、采购、货代等专业知识对应于DQP中的专门知识维度。

（二）培养目标

培养目标既要满足学校当前和未来的定位，又要满足学生当前的需求，并符合社会、产业、行业发展的需求。在DQP框架下确定该目标时，主要体现毕业能力和未来的适应能力。以物流管理专业为例，应届毕业生主要的岗位是每个行业企业中的员级岗位，如仓管员、理货员、订单员、采购员、报关员、拣货员、电子商务员、叉车员等，学校制定毕业标准时，主要参考该岗位的要求来确定；在3—5年内，学生能够具备物流主管层级的岗位能力。物流管理专业的培养目标是立足区域经济的发展，满足生产制造业、商贸业、现代物流服务业的需要，培养德、智、体、美全面发展，具有物流管理专门知识及广泛和融合的知识，具有分析沟通等智力技能，具有应用和协作学习能力、公民和全球学习能力，能够从事物流管理、业务操作、市场推广、办公室工作，具有创新、创业思维的高素质技术技能型人才。

（三）毕业要求

1. 对DQP参照点的理解

本部分由各专业结合本专业的情况，用本专业的语言来解析每个参照点，以物流管理专业为例，具体如下：

（1）学习领域一：专门知识。

在专门知识方面，本专业的毕业生应该具备以下这些能力：

用专业领域的相关术语来描述专业领域的核心理论和实践，并且提供至少一个与专业领域相关的案例。相关术语要具体到本专业的哪些关键术语，所提供的案例是什么样的，可以进行界定或直接列明。本条款对应布鲁姆教学目标中的领会和应用层次，适用这两个层次的动词来制定本专业在该条款中的要求。

应用相关专业领域的工具、技术和方法解决专业领域内给定的问题和难题。列出本专业典型的工具、技术和方法，给定的问题可以列明。本条款对应布鲁姆教学目标中的分析层次，适用分析、比较、解决这类的动词来制定本专业在该条款中的要求。

基本上无差错地做出相关专业领域的产品、模型、数据、展示或表演。该条款需根据本专业的特点来制定，理工科类的适宜做出产品、模型、数据，文科类的适宜做出数据、表演或者某个方案、整套业务单证等。本条款对应布鲁姆教学目标中的综合层次，适用建立、组成这类的动词来制定本专业在该条款中的要求。

（2）学习领域二：广泛和融合的知识。

在广泛和融合的知识方面，本专业的毕业生应该具备以下这些能力：

描述所学习的每一项核心领域的现有知识或实践是如何向前推进、验证和修正的。例如自然科学、社会科学、人文艺术学科的专业和跨专业课程。结合专业和跨专业领域，可以指定核心领域，进行制定。

就所学习的每一项核心领域描述一个关键性的争议问题，解释该争议问题的意义，并且运用该领域的概念来阐述自己对该争议问题的见解。本条强调的是核心领域的关键性的争议问题，不仅能解释，还能阐述自己的见解，涵盖了布鲁姆教学目标中的领会、应用、评价层次。

在实施分析性、实操性或创造性的任务中，使用所学习的多项核心领域的公认方法，包括依据的搜集与评估。每个专业可列明这样的任务有哪些，公认的方法有哪些，涵盖了布鲁姆教学目标中的应用、分析和综合层次。

从科学、艺术、社会、人类服务、经济寿命或科技的问题中同时采用至少两个领域的知识，描述如何定义、界定与解释选定问题对社会的重要意义，并对此做出评述。

（3）学习领域三：智力技能。

智力技能有6个方面：解析探究、利用信息资源、多元化视角、道德思考定量分析、沟通技巧。

在解析探究方面，本专业的毕业生需要具备这样的能力：在选定的学习领域提出并界定一个问题，并能厘清涉及该问题的各种观点、概念、理论及其解决方法。此处的学习领域应由本专业具体化。

在利用信息资源方面，本专业的毕业生需要具备这样的能力：对于多种资源进行辨识、分类、评估和引用，做出在某一领域或在文理科一般性课题上的项目、论文或表演。本款参照点可以在专业领域或跨专业领域内对应。

在多元化视角方面，本专业的毕业生需要具备这样的能力：描述来自不同文化观点的知识是如何影响人们对于政治、社会、艺术和国际关系中突出问题的理解。对于自己在文化、社会、政治、艺术和国际关系方面问题上的观点的根源做出描述、解释和评估，并与其他观点做比较。凡是涉及类似"选定"说法的，由各专业把握选定在哪个学习领域来对应本款参照点。

在道德思考方面，本专业的毕业生需要具备这样的能力：描述政治、经济、医疗、技术或艺术方面突出问题中的伦理道德问题，并说明这些伦理道德是如何影响人们对于这些问题的决策的。从列举的方面结合本专业的具体情况选定一个突出问题。

在定量分析方面，本专业的毕业生需要具备这样的能力：当涉及政治上、经济上、健康上或技术上的问题时，能对其中使用到的量化信息（数字）进行准确的诠释，并能够介绍如何在论述时有效地利用量化信息（数字与符号）。从列举的方面结合本专业的具体情况选定问题。创建并解释关于趋势、关联或状态变化的图表与其他视像表述。结合本专业的具体情况，列举适宜用图表表述的一些问题或衡量指标。

在沟通技巧方面，本专业的毕业生需要具备这样的能力：在与一般和特定对象沟通中，写出令人信服的、流畅的、基本无笔误的文章。一个特定对象有效进行正式场合下的口头言语交流。就某一具体工作任务的行动计划进行商谈，并对商谈结果进行书面或口头的总结陈述性沟通。使用英语进行日常基本的交流，翻译所学专业领域的一篇简单的文章。以上均需结合本专业的特点具体化。

（4）学习领域四：应用和协作学习。

在应用和协作学习方面，本专业的毕业生需要具备以下能力：

书面汇报至少一个案例：说明自己是怎样将所学的学术性知识与技术技能应用于"实地（实践）挑战"的；并提出证据或案例，用来证明自己在应用过程中学到新的知识或有其他的收获。本条主要体现布鲁姆教学目标中的领会和应用层次，结合本专业的实际情况，提出本专业内的挑战。

分享或教会同学至少一个自己在课堂外学来的重要概念或方法。本条主要体现布鲁姆教学目标中的识记和领会层次，分享或教会同学自己从课外学来的与本专业有关的重要概念或方法。

对一个超出课上所学内容的实践问题准确定位，收集相关线索与信息，进行组织与分析，并提出多种解决方案。本条主要体现布鲁姆教学目标中的综合层次，由各专业提出超出课上所学内容的实践问题有哪些，并具体列明。

参与一个创新创业性活动或项目，展示或讲解其实践成果，并就其过程做出书面的总结（至少能重点突出在这次经历中个人对创新创业精神与创新创业管理的感悟，进而能阐明其应用前景或价值）。本条款主要体现布鲁姆教学目标中的综合层次，强调本专业的创新创业项目成果以及对育人的作用。

（5）学习领域五：公民和全球学习。

在公民和全球学习方面，本专业的毕业生需要具备以下能力：

清晰地介绍自己的个人背景与文化背景，包括起源与发展、观念与倾向。

就某一些社会主义核心价值观或行为实践，清晰地介绍其在历史上以及在当代的不同地位（变迁），举一个包含这些价值观或行为实践的特殊事件，阐述自己的观点。

参与一个社区（或社团）项目，就其过程做出口头或书面的总结（报告），重点突出在这次经历中遇到的公民问题，以及在这次经历中个人的感悟。本条可以突出专业协会项目或校内其他社团，本专业学生参与该项目的感悟。

重点突出在这次经历中自己主动性和责任心的体现，以及在这次经历中个人的感悟。

2. 毕业要求的提出

学校根据对DQP 5个参照点的理解，结合本专业的特点，从5个方面提出本专业的毕业要求，在毕业要求详细毕业预期成果的基础上，用简洁的语言进行总结概括。以物流管理专业为例，毕业要求有如下方面：

专门知识方面，能结合实际案例用物流管理专业领域的相关术语来描述本专业领域的核心理论和实践；应用物流专业领域的工具、技术和方法，解决本专业所涉及的员级岗位（如采购、仓储、运输、国际货运代理及报关）遇到的问题和难题，并基本上无差错地做出物流领域（国际）的计划方案，展示或做出整套单证。

广泛和融合的知识方面，能够利用所学的不同领域的方法和基础知识去学习新理念、新技术、新方法，以解决物流企业里具有争议的问题，以及分析、实操或创造性的任务。

智力技能方面，能够按照职业或社会道德标准，利用多种沟通方式，收集并利用信息资源，多角度分析物流产业、行业、企业的问题，并进行定量分析，撰写分析报告，为职业发展奠定基础。

应用和协作学习方面，能够和团队成员协作，应用所学的专业知识和技术技能分析企业案例或者收集信息，提出解决企业实践问题的方案并能够分享自己所学到的重要概念或方法。

公民和全球学习方面，具有积极的价值观、人生观。结合社会事件，对社会主义核心价值观或行为，阐述自己的观点；能参与社会项目并总结自己的行为过程；对世界挑战问题进行有理有据的分析，并表明自己的观点。

（四）课程体系构建

课程体系以毕业要求为依据，支撑毕业要求的实现；毕业生能力必须通过由不同板块（类）课程及每门课所构成的课程体系来实现，即毕业学习成果需要落到每一门课程中，这种对应关系用课程矩阵来实现。

1. 课程体系的构建思路

以工作领域中的职业需求、发展需求以及毕业生的期望为起点，以DQP为工具，将工作领域中的专业、方法、社会能力转换为学习领域的预期成果，以课程矩阵为工具构建课程体系，课程成果支撑专业成果来实现。

2. 课程体系的构建过程

专业预期学习成果根据本专业的特点可进行二级维度的细分，细分后的维度可以直接转换为课程，不宜直接转换的可以通过不同维度的组合转换为课程，不宜组合的可以通过对成果进行提炼的方式转换为课程，课程之间是互补或深化的关系，共同支撑专业预期学习成果的实现。不同类型的课程根据内容可归入不同的板块，如专业教育课、博雅教育课，专业教育课又分为通用课程、专业核心课、综合训练课、限选课，不同板块的课程根据性质分为必修课和选修课，根据教学形式不同分为课内教学和课外教学。不同板块、不同性质、不同形式的课程根据课内外学生的负荷确定，对专业预期学习成果的贡献度不同，体现了课程开设的必要性和重要性，为今后专业课程体系的调优提供了依据，课程对专业预期学习成果的支撑度主要用课程矩阵的形式来体现。

课程与专业预期学习成果之间主要是通过课程成果体现，每门课程设计课程成果（SOC），不同SOC支撑专业预期学习成果的达成，课程与专业预期学习成果是一种支撑与被支撑的关系。

以DQP为工具，通过对本专业5个维度的分析，最终所构成的课程体系表体现了每门课程5个维度的贡献度，进一步体现了课程开设的依据、课程对专业预期学习成果的支撑。

（五）课程进程表

课程进程表主要体现各类性质不同、学分不同的课程按照什么样的开设顺序、以什么样的教学形式，在课内还是课外实施情况的安排；学习成果的实现依赖于课程的实施，课程进程表为课程的实施提供依据，为学习成果的有效实现提供保障；编排考虑到本专业工作流程及教育教学规律。课程进程表是教学实施的最重要的指导，课程的学分、周课时、开设学期、理论实践比等内容体现出实施性、操作性等特点。另外，课程的先后顺序应以本专业的工作流程为主线，结合布鲁姆的教学认知规律，适宜采用由浅入深、由具体到抽象的思路来开设，以更好地符合学生的认知特点并更好地达成学习成果。

（六）教学基本条件

本部分主要是基于DQP成果导向的教学实施，涉及师资队伍、教学设施、校内外的学习资源等。该部分可结合专业特点，对师资、教学设施及各类型学习资源方面提出要求。

（七）教学实施建议

基于DQP成果导向的教学以学生为中心。为达到预期成果，需要实现从句号课堂到问号课堂、从知识课堂到能力课堂、从重教课堂到重学课堂、从封闭课堂到开放课堂的转变。每门课程在考核方面实行过程考核，过程考核的主要对象是课程成果，因此在课程成果的收集、批阅、反馈等方面建议通过信息化手段来实现，搭建与成果导向相匹配的信息管理系统在教学的实施过程中尤为重要。

第三节　成果导向教学规范与改进

基于DQP框架下的人才培养方案（专业规范），以成果导向为理念，出于人才培养内部和外部的需求，为符合多方需求而制定，需要根据实施的情况，通过多方评价开展专业诊断，根据诊断情况，发现问题，不断地改进，提高专业建设质量及专业核心竞争力，最终达到以评促改、以评促建、以评促管的目的。

一、专业评价体系

专业评价是系统工程，对专业评价应该从专业建设、教学改革与管理、人才培养质量、教科研与社会服务等方面开展全面的评价。基于DQP成果导向的人才培养，源于对行业、企业、职业的需求和学校的定位，涉及专业设置与规划、课程体系构建、课程实施及人才培养的质量和社会服务能力等内容，以专业预期学习成果为导向，设置基于社会、学校、学生、行业、企业等视角的综合评价体系，是进行专业诊断的重要基础。在这里依旧以基于学习产出的教育模式（OBE）的DQP为工具，将工作领域中的职业发展需求转换成学习领域中的专业预期学习成果，以此构建课程体系，并用于评价学习成果，同时设计各评价观测点的要求。

二、专业设置评价及改进

（一）专业自我诊断

从我国目前的高职专业设置和人员构成等方面来看，在高质量教材编写及选择方面和精品课程建设方面需要加强；在教学实施与改革中实践性教学和企业真实案例的采用需要增大比例。总体来看，职业院校的融合及教学在一体化方面需要进一步凸显。

（二）学校对专业的评价

学校层面，邀请校内外专家对专业进行评价，目前，我国部分高职院校在专业建设过程方面、人才培养质量中的毕业生就业质量、科研及成果应用达到目标值，在这几个方面达到了学校的培养目标和定位；在技术性服务、社会服务，相对来讲，工商等学科领域做得较好，不过还需要进一步改进的有实践教学条件与教学资源建设及教学过程监控、专业规划、技能竞赛方面。

总体来看，专业综合评价占目标值的66.25%，在专业建设方面得分率为62.14%，在教学改革与管理方面得分率为51.9%，在人才培养质量方面得分率为74.53%，在教科研与社会服务方面得分率为75.4%。其中，最薄弱的环节是教学改革与管理，应该引起专业重视。教学改革与管理是人才培养的核心环节，决定人才培养质量，专业建设过程中应该将教学改革与管理作为重点工作来抓。专业课程体系的完善、教学实施、教学资源建设、校企深度合作均需要加强，对照各项指标的目标值，均需要根据观测点的要求，不断地优化和改进，加强内涵建设，逐渐提升专业建设能力，培养符合社会需要的人才。

（三）毕业生对专业的评价

在我国高职院校的应届毕业生中，大部分毕业生认为学校在实习和实践环节方面最值得研讨和改进，一半以上的毕业生认为在调动学生学习兴趣方面还需要加强，认为课程内容不实用或陈旧的以及认为课堂上让学生参与不够的毕业生占总值的1/3以上，学校也应对这两项内容进行改进，另外超过1/5的毕业生认为课程考核方式不合理，也是需要改进的内容。

（四）用人单位评价

用人单位对不同专业的高职院校毕业生的需求度和满意度各不相同，其中工商专业毕业生就业前景宽泛，用人单位对其综合能力的满意度总体评价超过90%，认可程度较高。其中，用人单位最看重的是敬业精神、团队精神和实践能力，因此这些方面也是评价中的重要评分标准；其次是业务水平、组织管理能力和独立工作能力。这些方面的评价也是高职院校在专业设计过程中应重点考虑的内容，需要根据用人单位的想法对专业做出具体调整，在以后的教育教学过程中需要采取更多有效的方式方法提升学生各方面的能力。

三、专业改进计划

（一）多设置与第三产业相关的专业

近年来，随着社会经济的快速发展，新职业不断涌现，增加最多的是现代服务业领域。无论是大型商务活动、个人商务指导，还是家庭生活服务以及休闲娱乐，都已产生了大量新职业。这就为高职院校的第三产业类专业提供了专业设置空间。我国各大职业技术学院则应根据本院第三产业的教学资源，开办一些符合现代服务以及新型生活方式的专业。

在原有相近专业的基础上，学校要拓展专业内涵、调整专业结构，以市场需求为导向，立足现代服务业发展，多设置与第三产业相关的专业，以适应现代服务业的发展需要，把握专业内涵，合理设置专业课程。

随着社会飞速发展，大量传统的职业岗位正在慢慢消失，而更多新的技术岗位不断出现，一些目前还存在的职业，其内在的技术含量随着新技术、新工艺大量应用也在发生着革命性的变化。高等职业技术院校要使专业设置适应社会发展，适应经济结构、产业结构和技术结构变化的需要，就要时刻关注社会经济形势的发展变化，掌握其职业及岗位的内涵变化，为合理设置专业奠定基础。

（二）专业设置注重科学性和长远性

国家高职院校要在专业设置及专业建设中起到模范带头作用。学校在设置专业时要进一步注重科学性和长远性，进行深入的市场调研，坚持对人才需求的整体分析和中长期预测，时刻关注区域经济的长远发展，充分考虑市场对人才的长期需要，培养适应社会长期发展需要的人才。

（三）建立专业设置管理委员会

国家和地方教育行政部门要根据国家和地方产业政策、经济社会现状及发展趋势，进一步加大专业设置的宏观调控和管理，正确引导高校科学合理地进行专业设置。

高校要建立高层的专业设置管理委员会，并根据教育部对专业设置管理的有关规定加强统筹、协调、宏观管理和监督。同时，专业设置管理委员会要根据一定时期内的社会经济发展现状，强化审批专业设置的程序，严格审查新设专业必须具备的条件，对高职院校设置专业进行宏观指导。

（四）构建专业设置预测机制

要保证专业设置与建设优化工作能行之有效地实施，学院应构建专业设置预测机制。具体来说，各专业需指派专人，定期到省内外一些企事业单位进行走访调查，及时掌握行业、企业的发展动态，掌握行业对新技术的应用推广情况，了解它们对各种专业人才的需求状况。同时，各专业要根据用人单位对毕业生的评价，了解学院在专业设置方面存在的不足，在课程设置方面有无缺漏，在校内实训方面有无不到之处。此外，各专业需通过全面收集信息，获得专业设置的各种有用资料，以利于专业设置的改进和优化。

（五）加强师资队伍建设

专业设置是为了更好地培养人才，因此，学校要努力建成一支师德修养好、教育观念新、专业水平高、实践能力强、结构优化和专兼结合的师资队伍，这对于设置专业至关重要。师资队伍建设应从以下4点入手：

（1）学校要改变专业教师中的人员结构。

（2）学校还要提高师资队伍建设中教学名师、专业带头人和教学团队数量。

（3）学校要根据专业设置和专业建设需求，任命教学和学术水平都非常高的教授为专业带头人，由专业的骨干教师和校企合作的企业高级技术人员联合组成教学团队。

（4）学校要加强学术交流活动，为学院教师进行教学研究创造条件。

（六）构建校内外实训基地

校内外实训基地建设是高职院校专业设置与建设的物质基础，是彰显专业特色、优化专业设置、提高专业教学质量的重要保证。学校要构建一套能为专业服务，满足学生学习需要的实训基地，需要做3方面的努力：一是要有足够的经济基础，学院可采用多种方式筹集资金，以改善实训基地的条件；二是要探索校内实训基地建设的新模式，学校可将校内的生产实训和生产经营结合起来，在降低资金消耗的同时提高专业学生的动手操作能力；三是要加强校外顶岗实习力度，学校提高顶岗实习的质量与效果，使校外顶岗实习的工作内容能够与学生的专业技能相统一。

第八章　高职多元人才培养
——以能力为核心的贯通型人才培养

第一节　职业学校贯通型课程的柔性衔接

一、职业学校贯通型课程柔性衔接

（一）基于职业资格等级的中高职课程柔性衔接

纵观国内外在中高职课程衔接问题上的研究，国内的研究较多停留在宏观层面的理论探讨，缺乏微观层面操作性强的实践指导，特别是在计算机相关专业的中高职衔接上，还没有看到深入的研究与完善的实施方案；由于教育体制的差异，也不能照搬国外的先进经验。

中高职课程衔接需要解决以下关键问题：一是对中高职的培养目标进行厘定，把行业的职业资格等级要求匹配、映射到职业教育的等级中；二是中高职衔接主要是课程衔接，高职课程是对中职课程的衔接与提升；三是中高职衔接模式具有普适性，易于推广。

在工业工程领域，"柔性制造"能根据制造任务或生产环境的变化迅速进行调整，适用于多品种、中小批量生产。借鉴柔性制造的概念，我们提出构建网络专业中高职课程衔接的柔性体系，以适应多品种的生产，完成中小批量的人才生产，顺利实现中高职课程衔接。澳大利亚的职业教育体系具有很好的柔性，培训的设置非常灵活，能够高效完成多品种、中小批量的人才生产。这种柔性来源于资格课程对能力要求的可组合性与可选择性。

能力本位的课程设计，一方面消除了课程内容的重叠，另一方面能力组

合的数量和难度使各个资格的层次差异得到明确的表达。

既然我国已经把职业教育分成中职、高职2个层次了，便需厘清中高职在人才培养目标上的层级差异，一个行之有效的方法是研究该专业的职业资格等级，把职业资格的层级要求匹配、映射到中职和高职这两个职业教育层次上来。

（二）能力本位思想在中高职课程衔接中的运用

澳大利亚职业教育制度的根基是能力本位的课程设计，本书在借鉴澳大利亚职业教育经验的基础上提出能力本位的中高职课程衔接设计方法。

1. 专业能力标准的开发

在设计专业课程之前，先要开发专业的能力如专业能力标准的制定，需要政府与行业积极、广泛地参与，以保证其权威性与职业导向。根据该专业相关就业岗位的职业要求，确定相关的能力领域，每个能力领域下再细分出能力单元，在确定能力单元时，应注意其力度与难度，力度过大不利于区分难度，力度过小对这个层次的能力划分并没有什么价值。

2. 能力本位的中高职课程一体化设计

能力标准开发出来后，需要把能力单元转化为课程。能力到课程的转化一般采用一对一或多对一的形式，不适宜采用一对多的形式（意味着该能力单元可以进一步划分）。假设有A、B、C、D共4个相关联的能力单元，且A、B为中等难度单元，C、D为高难度单元。在不考虑中高职衔接时，容易出现把A、B、C组合成一门中职课程、把B、C、D组合成一门高职课程的情况，从而导致中高职课程内容存在较大的重叠。进行中高职课程一体化设计时，应只把相关联且难度相当的能力单元组合成一门课程，即把A、B组合成一门中职课程，把C、D组合成一门高职课程，从而避免教学内容的重叠。同时，中高职人才培养规格的层次差异可以通过能力单元的组合来体现。

二、中高职柔性衔接的课程体系设计

专业能力标准开发出来后，需要对中高职课程进行一体化设计。在职业能力单元库中，列出了中职、高职对待一项能力单元需要学习到哪一个职业资格层级的水平。对于一项职业能力，如果中职、高职的学习水平均要求达到L2级，即要求达到独立工作的水平，则该项能力适宜完全放在中职阶段进行培养，高职阶段无须再开设涉及该项能力的课程，这类课程可称为中职终结课程。如果中职对该项能力的学习水平要求达到L1级，高职对该项能力的学习水平要求达到L2级，则中职阶段、高职阶段均需要开设相关课程来培养该项能力，中职课程要能达到L1级的学习水平，而高职课程是对中职课程的衔接与提升，其内容既要避免与中职课程重复，又要在深度上进行提升，保证达到L2级的学习水平，这类课程可称为中高职衔接课程。如果中职对该项能力的学习水平不做要求，高职对该项能力的学习水平要求达到L2或L3级，则该项能力适宜完全放在高职阶段进行培养，中职阶段无须开设涉及该项能力的课程，这类课程可称为高职新设课程，一般表现为在广度上进行扩展的课程。明确中高职课程的分类，对中高职课程的一体化设计具有指导意义。

第二节 贯通型人才能力评估与课程设计

一、中高职贯通的内涵价值与课程设计现状

贯通型培养指的是中职、高职的贯通型学习的实施，而实施中职与高职的衔接，是构建现代职业教育体系的主要内容之一，是技能型人才类型和层次结构科学化的必然要求，也是推进高职，拉动中职教育健康持续发展，促进学生全面发展，提升职业教育服务经济社会发展能力，加快形成现代职业教育体系的重要举措。

（一）中高职衔接的内涵

美国国家职业教育委员会对中高职衔接做出的界定是：连接两个或者更多的教育系统，旨在使学生能更加顺畅地、无拖延地、无重复学习地从低一级水平向更高一级水平过渡。

关于中高职衔接，学者徐涵认为，国内实现中高职衔接有五年制中高职一体化、3+2或3+3中高职相通、中职学校毕业生报考高职和普通高等院校、中职毕业后非连续学程的高职教育等形式。尽管学者对中高职衔接模式的称

谓有所不同，但是从办学主体的角度来看，其观点具有一致性。五年一贯制是由单一办学主体来承担中职和高职教育，既包括中职的内升，也包括高职的下延；而分段式贯通指的是两个办学主体（中职和高职）来承担中职、高职两段的职业教育，衔接的方法是对口招生。

（二）中高职衔接的意义

1. 深化教育教学改革，创新人才培养模式

衔接之后，对接职业标准，对课程进行统筹安排、整体设计，更新课程内容，调整课程结构，创新教学方法，创新高端技能型人才的培养途径，更好地适应行业与社会的发展要求。

2. 明确人才培养定位，走出高职教育尴尬处境

中高职人才培养定位模糊已经成为长期以来困扰职业院校的难题。高职培养的学生被评价为"理论不如本科生，技能不如中专生"，行业人才需求本身强调实践技能和经验的特点更是加剧了这一尴尬处境。3+3分段中高职衔接有助于双方进一步明确定位差异，帮助高职教育走出尴尬处境。

3. 分段连贯培养，有效结合中高职教育优势

3+3分段连贯培养的衔接模式，既能满足中职学生提升学历层次与管理技能的需要，又能满足高职教育对学生专业基础知识与基本操作技能的要求，有利于中高职教育功能和优势最大限度地发挥，并有效结合。

（三）中高职贯通教学衔接课程设置现状

中高职课程衔接是中高职衔接的核心内涵。如果在课程层面不能反映中高职的层次性和衔接性，就很难说中高职衔接顺畅，但就现状来看，课程设置方面问题较多。

1. 中高职课程各自为政，课程体系衔接性差

由于中职和高职是两个相互独立的主体，在课程体系设计层面，两者各自根据培养目标设计课程体系。中职的课程体系旨在实现中职的培养目标，未兼顾到继续升学学生升入高职的需要；高职课程体系的设计是基于自身的培养目标设定。在实践中，由于中职和高职的培养目标趋同，高职课程体系设计在某种程度上也与中职课程体系趋同，甚至某些课程出现高比例的重复。因此，很多院校存在中高职课程有多门专业课程名称重复、教材内容大同小异的情况，造成了学生不必要的重复学习和时间上的浪费。

2.用"加加减减"代替"一体化设计"

从中高职衔接教学计划中可以发现，尽管在衔接的框架下进行设计课程体系，但实际上是对中职和高职各自课程体系的"加加减减"。事实上，这种表面式的课程衔接，并不是真正意义上的课程体系衔接。真正意义上的一体化设计需要根据中高职贯通所确定的培养目标，进行工作任务和职业能力分析，进而构建基于职业能力标准和课程标准的课程体系。

3.一体化课程设计理念缺失

部分教师的课程设计理念仍然是"中职课程体系+高职课程体系"，缺乏一体化和贯通性。尽管部分中高职院校有各自的专业教学标准，并依据各自的专业教学标准构建中高职贯通的课程体系，但这只是表面，实质上仍然缺乏一体化专业教学标准的统筹，导致中高职课程衔接依据缺乏。

4.中高职课程评价区分度低

中职和高职课程在某种程度上确实是有重合的地方，但是课程的评价则需要充分体现中高职的差异性。有的教师认为没有办法区分中高职课程的授课难度，其主要原因是由于评价标准的缺失，不能依据评价标准判断不同水平学生应达到的知识和技能水平，从而导致对中职和高职课程讲授程度出现困惑。同样的内容，给中职的学生要讲到什么程度，给高职的学生要讲到什么程度，中高职贯通的学生要讲到什么程度，仍是不少教师心中的疑惑。

（四）中高职衔接课程设置优化

中高职课程衔接是中高职衔接的核心内涵，而中高职课程衔接的关键在于在一个体系内实现中高职课程内容既有区分度，又有结合点，才能切实保障中高职课程的有效衔接。本书结合国内外中高职课程衔接的一般做法，提出相应的对策。

1.基于职业教育标准，推进中高职课程体系化建设

推进中高职课程体系化建设的重要前提是建立职业教育标准体系。由于中高职专业教学标准体系尚未建立，其课程体系呈现各自为政的态势，这不利于中高职的顺畅衔接，不利于培养高质量的高技能人才。因此有必要加快职业教育标准体系建设，这就涉及构建一体化设计的、能够覆盖全专业的，

并由官方认定的职业教育标准体系。通过职业教育标准体系的建设，有助于打破中高职课程体系的界限，为中高职课程体系建设提供基本依据。

2. 明确中高职的培养目标定位

中高职之间的课程设计必须实现良好衔接，首要任务是专业在中高职阶段各自的教学目标定位。其中，应当将中职培养目标定位于培养行业前沿阵地的高素质专业人才，将高职教育目标主要定位于培养基层的高水平的专业人才。基于各自定位，中职应在专业课程中更多地体现对基础业务知识和技能的有效传递，使学生具备更多操作性的和经验性的专业素养；高职院校的课程安排要以中职教育成果为出发点来确定，在专业理论教学内容的深度和广度上实现扩展，同时，突出管理、决策以及人际管理等重要内容，保证高职毕业生相对于中职毕业生拥有更强的综合处理能力，从而保证高职对中职的继承和提升，并且具体落实在课程的衔接上。

3. 通过课程标准促进中高职课程内容的有序衔接

在制定课程标准时，要明确就业后工作所涉及的工作任务是什么，完成这些工作任务所需的职业能力有哪些，清楚地呈现中高职在工作岗位、工作任务以及所需职业能力的差异。与此同时，中高职共有的工作岗位就会与中高职所完成的工作任务类似，所需职业能力类似，但是，这不意味着所需职业能力没有差异，具体差异应表现为职业能力标准的不同，由此，形成不同层次的课程标准。

4. 突出中高职衔接中课程评价的层次性

课程评价是检验不同层次课程目标是否实现的重要依据。针对不同层次的课程内容，应有针对学习结果的描述，而且描述应尽可能清晰、充分、可观察、可测量，以便使相同的学习内容在层次上得以区分；应使用确切、有梯度的动词来描述不同层次的学习内容，以便明确不同级别课程内容在学习程度上的差别。

二、中高职衔接课程设置学习评价的过程

课程学习评价与课程教学都有一致的目的，都是帮助学生达到一系列既定的学习目标，即帮助学生在认知、技能、情感和态度诸方面产生积极变

化。从这样的视角看待课程教学时，学习评价就成为教学过程中不可或缺的一个组成部分。根据职业或社会需要制定的学习目标（或称教学目标）决定预期的学习成果，学习活动会促成学习上的进步，这种进展需要用学习评价来判断和肯定。当然，"学"与"教"的相互依赖性却较少被人们认识到。因此，正视学习评价在教育过程中的位置，认识学习评价和教学过程的一致性是很重要的。

（一）制定学习目标

不论是教学还是评价，先是在企业岗位需求和学生认知规律分析的基础上构建课程与学习目标，即经过一段时间的教学后，有针对性地对学生的知识、操作技能以及情感等方面进行阶段性评价，从而对学生的变化有所了解，并有针对性地进行下一步的教学调整，力求最大限度地实现教学目标。

（二）实行适宜的、高效的教学

适宜的、高效的教学是指把课程内容、教学策略（教学模式、手段方法、教学媒体等）整合到有计划的教学活动中去，帮助学生取得预期的学习结果。在工学结合人才培养过程中，高效的教学直接影响着学生的学习效果，尤其是专业技能的掌握，往往是从模仿到逐步创新的过程，因此，对于学生学习效果的评价可以映射到教学过程中。

教师可以将许多有用的评价信息及时地、紧密地整合到教学活动中，以便能监控和调整教学策略和教学过程。

（三）评价期望的学习成果

教学过程最终是确定学生达到学习目标的程度。这一目的可以通过测量教学成果的测验考试或其他评价方法（如真实性评估等）来实现。最理想的状况是学习成果、评价标准和课程标准的完全吻合。

（四）评价结果的反馈与应用

评价结果不仅是对前期学习效果的评价，对之后的教学也能起到指导作用，因此，评价结果的反馈与应用十分重要。

从精心编制的测验和其他评价方法中获得的信息也可以促进教学。这些信息可以帮助教师判断：教学目标的适宜性、可行性；教学策略、方法、模式是否恰当有效；教学过程设计是否最优；教学资源是否有用，利用得是否充分；等等。学习评价不仅有助于教学结构的改善，也有助于教学过程自身的改进。

三、中高职衔接课程设置考试评价方式的改革

（一）现阶段职业教育考试的问题

1.考试过程中重结果轻过程

在目前的考试方式下，考试往往以考卷形式判定学生的学习成果，而考试的意义却与培养人才的意义大相径庭。因此，在中高职贯通教育中，应逐渐扭转重结果轻过程的考试过程，注重学生水平的过程性评价，采用以考查基本知识技能的纸质考试与考查学生动手操作水平的操作考试相结合，注重学生在顶岗实习或者实训过程中的观察并给予相应客观的评价。

2.考试功能异化

选拔考试的功利性，往往在现实生活中严重异化，其选拔功能过分突出，遮掩了人们对其他功能的注重。其表现主要体现在对分数的价值判断上，过分夸大分数的价值功能，强调分数的能级表现，甚至将学业分数同奖学金、评优、评先紧密结合。

（二）考试体制改革的对策

1.充分发挥考试的作用

考试不能仅仅作为期末学年的终结性学业成就的检测手段，而应作为及时反馈，调整教学进度、内容，改进方法，研究素质形成规律和提高质量的手段。

2.立体化人才培养

高职分类分层人才培养的过程是一个系统工程，在实施人才培养的过程中，必须加强管理和服务的研究和实施工作。首先是管理理论研究，主要从办学条件研究，如资源配置不足、政策创新、体制机制研究、增大投入研究、壮大师资队伍和管理队伍研究、资源优化研究等；其次是高职分类分层的人才培养实践研究，在教学实践、质量评估、教务管理、信息化建设等方面的研究；最后是高职分类分层人才培养服务体系研究，研究如何促进"三全育人"高职院校的建设。

第九章　高职多元人才培养
——分类分层型人才培养

第一节　高职分类分层人才培养管理研究

我国高职院校的分类分层人才培养还处于起步阶段，还没有哪所大学能够实施这种分类分层人才培养的教学和管理。一是中国的高等教育扩招，各高校基本都是人满为患，办学资源还不足以满足不同人的不同学习需求。二是互联网、资源库等软件条件的开发和使用也处于初始阶段，资源不足，网络不畅，个性化教学方案制定容易，执行却难。

随着高职教育越来越受到各方面重视，高职的教育规模、内涵、质量等都有了长足的发展，特别是教育投入的增加，成了考核各地政府、行业、企业办学的硬指标。规模、质量的上升也引发了各方对高职管理研究的热情，都在探讨如何在提高质量、内涵，办出特色的基础上更上一层楼，同时，关注不同类型的学生个性成长，关注不同层次学生的发展。

一、相关法律文件规划研究

国家出台许多政策、文件、规定等促进高职办学条件的改善，确保办学公平，每一年国家都在出台新的法案并对曾经发布的相关法律文件进行更新，其中比较具有代表性的高职教育相关法案包括以下几个：

1.《中华人民共和国宪法》

1982年12月4日第五届全国人民代表大会第五次会议通过，1982年12月4日全国人民代表大会公告公布施行。在此基础上，1988年、1993年、1999

年、2004年、2018年共进行了五次修正。《中华人民共和国宪法》第四十六条规定：国家培养青年、少年、儿童在品德、智力、体质等方面全面发展。

2. 党的二十大报告

2022年10月16日，中国共产党第二十次全国代表大会在北京隆重开幕。二十大报告再次明确了职业教育的重要地位和产教融合这一职业教育办学模式的重要作用。报告中提到要"办好人民满意的教育""统筹职业教育、高等教育、继续教育协同创新，推进职普融通、产教融合、科教融汇，优化职业教育类型定位"，并把大国工匠和高技能人才纳入国家战略人才力量，进一步为职业教育发展指明了前进的方向。

3.《关于推动现代职业教育高质量发展的意见》（2021年）

（1）指导思想。以习近平新时代中国特色社会主义思想为指导，深入贯彻党的十九大和十九届二中、三中、四中、五中全会精神，坚持党的领导，坚持正确办学方向，坚持立德树人，优化类型定位，深入推进育人方式、办学模式、管理体制、保障机制改革，切实增强职业教育适应性，加快构建现代职业教育体系，建设技能型社会，弘扬工匠精神，培养更多高素质技术技能人才、能工巧匠、大国工匠，为全面建设社会主义现代化国家提供有力人才和技能支撑。

（2）工作要求。坚持立德树人、德技并修，推动思想政治教育与技术技能培养融合统一；坚持产教融合、校企合作，推动形成产教良性互动、校企优势互补的发展格局；坚持面向市场、促进就业，推动学校布局、专业设置、人才培养与市场需求相对接；坚持面向实践、强化能力，让更多青年凭借一技之长实现人生价值；坚持面向人人、因材施教，营造人人努力成才、人人皆可成才、人人尽展其才的良好环境。

（3）主要目标。到2025年，职业教育类型特色更加鲜明，现代职业教育体系基本建成，技能型社会建设全面推进。办学格局更加优化，办学条件大幅改善，职业本科教育招生规模不低于高等职业教育招生规模的10%，职业教育吸引力和培养质量显著提高。

到2035年，职业教育整体水平进入世界前列，技能型社会基本建成。技术技能人才社会地位大幅提升，职业教育供给与经济社会发展需求高度匹配，在全面建设社会主义现代化国家中的作用显著增强。

二、办学基本标准研究

《普通高等学校基本办学条件指标（试行）》等新标准是普通高等学校入行的基本门槛。但是，这个门槛执行过程中重视开办条件检查，不重视过程检查，导致一些不够条件的学校弄虚作假办学，不能保证办学质量。另外，该文件还规定了逐年增长的管理举措，确保职业教育正常发展。与此同时，高职院校还进行了办学工作状态数据管理平台的填报工作，随时监控高职院校办学水平、办学质量。

三、理论研究

随着高职教育越来越受重视，各方参与研究的力量和兴趣也在不断增强。不论政府，还是科研院所、高等院校、第三方机构（数据公司、咨询公司、技术服务公司等）都在积极参与高职教育发展的研究。一般来说，理论认识的高度决定了政策的选择空间，而实践水平的提高等因素会影响政策的选择、管理模式的选择。综述起来看，主要集中在以下研究方面：

（一）关于高职的定位研究

职业是把高职当成一种高等教育的类型的理论。有人将高等职业教育定义为"与研究型高校并行不悖的"，这种类型的教育是以培养操作型、技能型、实用型高级人才为特征的，与研究型大学的培养目标不一样，与培养那种善于用脑、纯理论研究、或学理研究的人才培养模式区分开。只有这样，高职教育才能准确把握教育实质，按照自身运行规律培养实务型应用人才。

（二）深化高职教育教学认识，建立完善法规制度

1. 研讨建立工学结合、校企合作的长效机制

认准了道路，就得扎实做好这方面的工作。国家出台了《职业学校校企合作促进办法》，需要我们分析面临的时代，高职院校和行业、企业合作的必要性，而不是一种研究噱头、政绩噱头，停留在纸质上、口头上。目前其主要不足体现在4点：①模式单调、版本较低；②高职办学模式单一；③合作的分歧；④行业和企业参与职教的环境问题。

那么，如何建立校企合作长效机制呢？可以从6个方面入手：①明晰校企合作的内涵，找准校企合作的逻辑起点；②摸准职业教育发展脉搏、吃透国家政策精神、创新体制机制；③充分发挥政府职能；④搞好继承与借鉴；⑤改革招生制度、学生评价体系；⑥提升高职的科研水平，提升服务行业和企业的能力。

2. 符合高职时代特色

全面建成小康社会中的职业教育，需要重点抓引领性高职教育的建立。

一是实施国家的大众创业万众创新战略，建立高起点的职业教育，着力激发专业技术人才、高技能人才等的创造潜能，强化基础研究和应用技术研究的有机衔接，加速科技成果向现实生产力转化，有效促进创新型创业蓬勃发展；进一步增强创新创业的发展实效，着力推进创新创业与实体经济发展深度融合。二是做好真正的工学结合，像当年的陶行知一样，把学校建立在社会中，把教学放到生活中去，使"教"与"学"在"做"上面统一。今天的校企合作就是要建立"校中厂""厂中校"，也就是把专业建立在生产线上，使专业人才培养水平紧紧联系行业、企业第一线。

3. 探索互联网+时代的未来教育

我们要探索未来的"高职教育4.0"时代教育特点，建立新的教育模型和模式。当然，这个过程也不是一蹴而就的，需要长时间的积淀。目前中国制造业的规划确立了制造业是国民经济主体和支柱，是实现发展升级的国之重器；确立了发展道路为创新驱动、智能转型、强化基础、绿色发展；确立了"三期叠加"期的中国制造业面临巨大压力时，为实现转型升级应确立的核心竞争力是什么，即依托互联网+智能制造、绿色制造为特色的技术集成和产品终端总成。

目前，我国高职教育的现状如下：

（1）职前准备的职业教育。联合国教科文组织的国际职业教育机构在多次大会上均提到了以终身教育思想去审视职业教育，可惜目前在专业教育过程中，还没有体现出可持续性。

（2）服务区域的战略眼光。在人才培养模式的转变、院校设置、专业设置、体制机制等方面创新不足，还面临毕业生毕业质量评价机制更新、高职教育体系本身以及生源成分复杂等诸多挑战。所以，服务区域经济社会的发展已经不适宜了，战略眼光必须紧盯全球。

（3）培养目标。教育培养的是职业岗位所需的特定人才，专业的课程设置与教学也被要求必须与行业和企业的生产实际、岗位特点无缝对接，不同的教学观采用的教学方式也不同：①"1.0课堂"：以教师为中心，一讲到底的教学，可以称为"1.0课堂教学"，注重教学效率，但是易造成两极分化；②"2.0课堂"：在教学中注意师生共同活动，实施了分类分层教学、小组教学的形式，可以称为"2.0课堂"，注重过程优化、注重学生差异，但是由于手段、方式等的落后，教学效率和质量难以全面保证；③"3.0课堂"：注重工学结合、小组合作式教学可以称为"3.0课堂"，注重外部推力和内在学习动力的结合，注重教学与职业岗位需求结合，实现工学结合、产学对接，但是不能适应后现代的知识、技能、观念等的更新速度，亦不能成为"4.0时代"所需的高技能人才；④"4.0课堂"：首先，要适应集中控制与分散增强控制结合的课堂教学组织形式，其次，要在人工智能基础上实现机机对话，再实现人机对话，这种对话不以知识、技能的转移为目标，而以师生极强的创新思想、创新技能、创新意志为转移，实现学生心智训练、开发课程、科研创新能力，实现方法学习为目标。这种课堂以师生为共同活动主体（不论远程还是近程交往），以"超市化"单元活动为载体，以社会化职业人为目标，是一种反映了多元化教学理念、组织、方法、目标的一种现代课堂观。

四、高职分类分层的管理研究

高职的分类分层人才培养中的管理还处于起步阶段。这种分类教育思想古已有之，从孔子的"有教无类"思想到"因材施教"原则，再到近现代陶行知的"生活教育"理论、晏阳初的"平民教育"思想，无不浸透着分类分层人才培养的思想。

现阶段的分类分层研究集中在公共英语教学、自主学习策略、计算机辅助教学策略、自我效能理论、专业模块学习策略、教学策略等方面。出现研究领域多元化、研究类型多元化、多角度数据采集和多维度数据分析等趋势。

多数学者都从教学活动要以"学"为中心的角度提出"教"与"学"的完全融合性教育。

首先，专业人才培养方案的制订要体现分类特点，目前主要体现在制订适应不同类别学生的人才培养方案上，即有普通高考类高职生人才培养方案、对口高职类学生人才培养方案、五年一贯制人才培养方案、民族地区"1+2"类学生人才培养方案、中高职衔接类学生人才培养方案等，除此之外，还在人才培养方案的毕业条件部分分别规定不同类别、不同民族学生的毕业条件。

其次，在教学层次上，分别探讨学科教学、公共英语、高等数学、计算机基础、实训课分组教学、毕业设计、论文指导等方面。

再次，学校相关管理规定的制定，在教务、学籍管理上也采取区别性和补偿性相结合的策略，即针对不同类别学生，用可替代方法，以学分标准、品德考核、不足部分以替换学分、项目、高职阶段的学有所长的艺术、技能等来换取。

最后，在加强辅导员工作，促进学生成长方面，高职院校按照国家要求，配置品德过硬、业务熟练、人数足够的辅导员队伍，同时，加强辅导员队伍专业能力训练，能开展针对性强的个别学生工作。

第二节　高职分类分层人才培养的管理实施

有了分类分层人才培养的方案，就会有相应的管理实施。在资源配置不足、条件还不具备的情况下，高职院校可以采取以下管理策略：

一、审定人才培养方案

构成高职生在校学习的主要材料，需要学校层面的认可。对专业教育部职业院校教学（教育）指导委员会（简称教指委）和学校教指委对分类分层人才培养方案审定的问题，要不折不扣地执行，谁也不得轻易更改。具体做法就是：要有先进的教学理念，实施以生为本、教学相长策略。课堂上，实施翻转课堂，讲练结合，再加上个别辅导、平时测验、成绩检测来辅助学生学业的完成。另外，在教学实施环节上还要借助大数据管理，实施信息化教学手段。采用云班课、学习通、微课、慕课等信息化方式来加强教学的互动性、及时性，还可对教学效果进行大数据分析。找出"教"与"学"的问题所在，做好及时的教学调整。

这种方案的区别性和同质性的保证措施体现在针对不同学生群体的需求和实际区别对待上，具体体现在较难课程的要求可以不同，作业、考试中可以有区别不同类别学生的试题，如高等数学、大学英语等，体现出掌握程度、层次的不同。

二、做好针对性教学任务安排

首先是在安排教学任务时，要先把有经验的老师安排在最需要的环节，排好课表。其次，做好教学资源分配，尽量满足教学的需要。最后，做好实践教学的保障。实践教学是高职院校学生最重要的环节，其实验、实训课程的开设、所需耗材的保证、上课时间及地点的安排要尽量协调好。

三、教学实施环节

一是要做好分类分层教育教学研究与管理。例如，可以在计算机基础、大学英语、高等数学等部分公共课或者专业基础课上实施，目的在于解决学生"吃不饱""吃不了"等现象。也可以按兴趣分班分组教学。

二是要做好混合编班编组情况下的分层分类教学研究。可以要求评价标准等不一定一致，采取分类指导的办法进行，对各行政班中的学生进行学习分类；对生活、管理和活动等不必分层分类，甚至普通文理考生和对口高职考生混合编班的情况下也可采用此法。

三是要做好针对个体差异的教学和管理。对于不能毕业学生中的个体差异状况，实施科学的分班、分类管理，做到扬长避短。不同个体差异的学生可以有不同的完成学业的方式。比如阅读笔记、实习实践作业、网络化作业、创新作业乃至创新产业等皆可作为某类学科的考核项目之一。

四、未毕业生的后续管理对策

（一）充分做好学分制预警机制是学分制管理的法宝

对于学业预警，一定要及时，要请求家长配合，要提供补救措施。所以要设计好学业预警通知书，且包括《学业预警学生告知书》《学业预警家长告知书》，督促学生及时完成应修学分。在出勤预警、操行预警等方面主要根据各院校的管理规定及时、合理地处理学生存在的问题。不要出现较高比例的因处分未到期而不能毕业的现象，要注重平时教育，防患于未然，避免学生退学或不能毕业等，让家长不能接受。

（二）处理好退学、留级等不能毕业学生的后续问题

对于达到退学预警的学生，就应该劝退。但是，劝退前要提供义务性考证、技能培训等机会，使未毕业学生也能拥有职业技能和上岗机会。同时，基于人道主义和人性化管理，如果属于特殊原因，可以经本人申请、家长同意、各级审核，休学一年，待来年复学。

对于达到留级的学生，应及时处理好留级的相应手续，在弹性学制范围内，给予学生充分学习的压力，安排好重修、补考与辅导，使学生迎头赶上，及时毕业。

第三节 高职分类分层人才培养的服务体系建设

学校教育的目标就是实现国家教育方针，实现学校的办学理念，锤炼一支高素质的教学科研队伍，提升学校办学水平和知名度、美誉度。这些成就的取得离不开良好的学校服务体系建设，包括教务部门的管理与服务；后勤的校园清洁美化、公寓管理、设施设备维护维修、医疗卫生服务；学生工作、团委会工作的学生会、心理咨询以及社团服务；财务部门的各项经费服务；保卫部门的安全保卫服务；教育技术部门的网络、智慧校园、信息化服务；招生就业部门的招生就业服务；各部门协同的创新服务；各二级院系的具体化服务；等等。

一、教务部门的服务体系

除了所述教务管理职责职能的发挥外，教务部门还有许多服务性事务，应该提供给学生一些快捷、方便的服务。

（一）资讯、咨询类服务

学生在校期间会遇到许多问题，教务部门要针对学生学习、实践、见习等方面的需要提供资讯、咨询服务。主要是在校园网教务部门主页上的公共信息服务，包括管理规定、文件政策、职员职责分工、办事流程、公告公示、表格文件下载等服务。

（二）服务大厅的面对面咨询、问询服务

主要解答学生学业方面的咨询，包括考勤服务、重修补考咨询、专升本咨询、疑难解答；成绩、学籍咨询服务等。

（三）资料、档案管理与服务

不能下载资料的提供服务；档案服务，包括档案接收、档案保管、档案填写规范、档案管理规范、档案寄送、档案归档等环节的服务。

（四）教材服务

主要是教材征订、发放、退订、调换、结账等服务。

（五）其他服务

主要是重修补考、学业预警、转专业、转学、保留学籍、专升本相关事务等服务。

二、后勤产业部门的服务体系建设

后勤产业部门是一个学校运转的保障系统，起润滑剂作用。正确认识后勤服务工作特点，有助于我们理解后勤保障工作该如何开展。后勤工作需要从广泛性、服务性、和谐性、时效性等方面开展，以满足教学需求。

三、学生处、团委会的服务

学生处和团委会是负责高职学校的学生教育管理、资助、军训、国防教育、社区管理和心理健康教育等工作的职能部门。党委学工部（学生处）

一般下设大学生学生会等学生组织来协助开展相关工作。大学生自我管理与服务委员会具体包括：公寓管理、勤工助学、学风建设（学业促进）、心理帮扶、文艺宣传（文化宣传）等相应板块。团委会下设各种社团组织、群团组织。

各高校根据学生组织发展历程及发展程度不同，可能还会存在学生自律会、勤工助学中心、学风督察部、心理帮扶团等早期的、松散的学生组织。

它们的典型工作业务包括：全日制高职学生政治思想教育和管理工作的宏观协调与业务指导工作；全校政治辅导员的业务指导与考评工作；制订年度学生军训工作计划并组织实施；国防协会、国旗护卫队的指导工作；全校大学生征兵、招飞工作；战时兵员潜力调查、民兵整组工作；等等。

四、财务部门的经费服务

学校财务部门与学生的交往主要是经费方面的服务。涉及学杂费收缴、学生资助体系的经费管理、学杂费结算。这方面的管理和服务要求必须做到合规、精准、及时。所谓合规，就是所有财务管理一要符合国家法律的相关规定，二要符合各级部门的财务管理制度和规定；所谓精准，就是财务进出要计算准确、无漏算、无欺瞒、无假账；所谓及时，就是财务账目做账及时，不拖欠等。

五、保卫部门的服务

高职院校的保卫部门提供的主要职责与服务包括：协助公安和国家安全机关做好校内重点人员的管控和帮教工作，做好学校人民防线建设工作；学校治安综合治理工作，落实学校各项安全责任制和责任追究制的监督、实施工作；校园安全形势研判，做好校园治安防控工作和法制安全宣传教育，协助公安机关查处刑事、治安案件，调解内部治安纠纷及各类民事矛盾纠纷；组织开展校园安全检查，排查安全隐患，督促隐患整改；对校内各单位的消防安全工作进行指导、监督、检查和管理，组织扑救初始火灾，协助公安消防部门对各类消防违法、违规事故的调查处理工作；校内治安、消防、交通等安全防范设施专项的申报、建设工作，完善校园立体化安全防控体系；统筹负责校园及周边环境整治，负责校园公共秩序管理工作；校门管理，维护校门秩序；校园道路交通和车辆管理，深入推进交通管理执法进校园工作，配合交警部门依法处理交通违章和各类交通事故，维护校园内交通安全秩序；制定学校技术防范建设规划并组织实施，技防设施的保养和维修及视频监控工作，指导各单位加强技术防范工作建设；校园24小时值班、值守及巡逻、巡查工作，校园110接、出警工作，有警必接、有难必帮、有险必救、有求必应，全天候为师生员工提供安全服务；校园活动的安全监管，协助相关部门做好大型活动和重要外事活动的安全保卫工作；协助公安机关做好校内师生及流动人口户政管理与服务工作，管理学校的户政资料；校园服务车的运营、维护、管理及财务工作，全天候、全方位为师生员工提供安全、便捷的乘车服务；负责对服务外包安保队伍的指导、监督、管理及考核；承担学校治安总值班任务，协调应急处置校园突发性事件；等等。

六、建设好信息化智慧校园

现代高等职业教育由于有了良好的经济基础和信息技术基础，提高管理水平、管理效率、打通信息孤岛，建立庞大的信息交互的智慧校园，也是国家"校园信息化2.0战略"的目标。它将带来以下变化：一是教育资源观转变；二是技术素养观转变；三是教育技术观、信息观的转变；四是发展动力观转变；五是教育治理水平的转变。

具体到高职院校针对学生服务的信息化建设，一站式服务大厅是最急需的服务平台。目的是扩大销售和从服务上增值。现已经发展为依靠互联网建立网络式人工智能服务系统，充分利用大数据功能进行管理。

总之，提高高职院校教学改革的质量，实施分类分层人才培养方案，尽一切可能实施个性化、个案化教学和管理，是完成教育目标、实现高职人才培养的根本保证。而高职院校对高职生的服务支持系统是教学质量的辅助保证体系，两者不可偏废。

第四节 高职人才培养案例
——以湖南信息职业技术学院计算机网络技术专业人才培养为例

湖南信息职业技术学院是湖南省首批经教育部批准的高等职业技术学院，以"服务国家战略，培养技术英才"为办学使命，以打造"信息技术应用先锋，智能制造人才培育基地"为行为导向，为信息产业和地方经济的发展培养了一大批信息类技能型专门人才，在教学方面有着别具一格的特色，在人才培养过程中充分考虑了综合型人才培养需求，对学生的综合素质、应用能力等提出了高要求，旨在育德树人，培养能够为国家贡献力量的高素质人才。这里以湖南信息职业技术学院的计算机网络技术专业为例，论证其人才培养目标等指标在高职专业设置领域的重要参考价值。

一、人才培养目标

湖南信息职业技术学院计算机网络技术专业毕业生应在素质、知识和能力等方面达到以下要求：

（一）素质

1. 思想政治素质

（1）坚定拥护中国共产党领导和我国社会主义制度，在习近平新时代中国特色社会主义思想指引下，践行社会主义核心价值观，具有深厚的爱国情感和中华民族自豪感。

（2）崇尚宪法、遵纪守法、崇德向善、诚实守信、尊重生命、热爱劳动，履行道德准则和行为规范，具有社会责任感和社会参与意识。

2. 身心素质

（1）具有健康的体魄、心理和健全的人格，掌握基本运动知识和1—2项运动技能，养成良好的健身与卫生习惯，良好的行为习惯。

（2）具有一定的审美和人文素养，能够形成1—2项艺术特长或爱好。

3. 职业素质

（1）具有与本专业相关的质量意识、环保意识、安全意识、信息素养、工匠精神、创新思维、全球视野。

（2）勇于奋斗、乐观向上，具有自我管理意识、IT行业职业生涯规划意识，有较强的集体意识和团队合作精神。

（3）遵守通信纪律，严守通信秘密。

（二）知识

1.公共基础知识

（1）熟悉与本专业相关的法律法规，以及环境保护、安全消防、文明生产、网络规范和项目管理等知识。

（2）掌握必备的思想政治理论、科学文化基础知识和中华优秀传统文化知识。

2.专业知识

（1）了解信息技术、云计算和信息安全基础知识。

（2）掌握数据库的基本知识和程序设计基本知识。

（3）掌握计算机网络基础知识和传输控制/网际（TCP/IP）协议簇知识。

（4）掌握网络操作系统的基本知识。

（5）熟悉计算机网络系统的结构组成及网络设备性能特点。

（6）掌握网络规划与设计的基本知识。

（7）熟悉网络工程设计安装规范。

（8）掌握网络管理的基础理论知识。

（9）掌握软件定义网络的基本理论及网络虚拟化知识。

（10）熟悉常用网络测试工具的功能和性能特点。

（三）能力

1.通用能力

（1）具有探究学习、终身学习、分析问题和解决问题的能力。

（2）具有良好的语言、文字表达能力和沟通能力。

（3）具有团队合作能力。

（4）具有本专业需要的信息技术应用与维护能力。

2.专业技术技能

（1）能够对网络设备、网络安全设备、服务器设备和无线网络进行安装与调试。

（2）能够熟练操作常用网络操作系统，并在Windows和Linux平台上部署常用的网络应用环境。

（3）能够根据用户需求规划和设计网络系统，并部署网络设备，对网络系统进行联合调试。

（4）能够设计、实施中小型网络工程和数据中心机房。

（5）能协助主管管理工程项目，撰写项目文档、工程报告等。

（6）具有计算机网络安全配置、管理与维护能力。

（7）具有网络应用系统设计、开发及维护能力和数据库管理能力。

（8）具有网络虚拟化及云平台系统搭建和系统平台设备配置部署能力。

（9）具有运用本专业相关技术技能知识进行创新创业和专业技能竞赛的能力。

湖南信息职业技术学院对学生的培养从素质和能力两个方面共同进行，此处的素质非狭义的个人素质，而是包含了为人处世素质、身心健康素质以及职业能力素质等方面在内的全面素质培养，而能力培养则是针对专业知识和应用能力的双重培养。

今时今日，我国需要的人才是应用型人才，更是高素质人才，只有应试能力和理论知识的"纯学霸"固然也很厉害，但是并不能完全满足现如今的岗位需求和行业需要，因此，院校将教学目标着眼于综合型人才培养，不仅要求学生要具备强健的体魄和健全的人格，更要培养其质量意识、环保意识、安全意识、信息素养、工匠精神、创新思维、全球视野等关键素质；在能力方面，除了本专业必须具备的计算机专业知识素养外，为人处世的能力和其他社会生活工作中的必备能力也在院校的培养范围内，势必要帮助学生在学习生活中得到足够的社会适应能力。

高职院校培养人才的目标是满足我国经济发展需求，提高职业教育水平，培养专业技术人才和现代服务业人才。在这一目标下，高职院校的教育理念是以职业能力培养为核心，以市场需求为导向，以综合素质提升为目标，使学生具备实用性强、适应能力强、创新能力强、社会责任感强的职业素养和才能。

　　具体而言，湖南信息职业技术学院主要将以下几个方面作为培养学生的目标：一是强化实践教学，让学生通过实践感受职业工作的特点和要求，提升职业素养和技能；二是注重专业技能培养，深入挖掘产业需求，构建专业技能的学习体系，提高学生在行业中的实际应用水平；三是推进多元化教学，提供多样化的课程和学习机会，培养学生跨领域、跨行业的综合能力；四是培养学生的创新意识和创业精神，鼓励学生探索新领域、发现新需求，实现自我价值和社会价值的双赢。

　　人才应该具备4种能力，即实践能力、创造能力、就业能力和创业能力，应该说要求是很高的，其中实践能力的提高才是关键，有了实践能力，才谈得上创造；有了实践能力，才谈得上就业；而至于创业能力，对于工科高职学生而言，显然很高，因为创业伴随着管理的要素，而工科高职学生是以特定岗位或岗位群的操作技能为看家本领，对于运筹帷幄，打拼市场，从事经营，实在是弱项。但对于不同的学生又要因人而异地进行引导和培养，为其将来的创业能力奠定良好的基础。

二、教学资源

（一）设施资源

　　教学设施主要包括能够满足正常的课程教学、实习实训所需的专业教室、校内实训室和校外实训基地等。

　　1.专业教室基本条件

　　一般配备黑（白）板、多媒体计算机、投影设备、音响设备、互联网接入或移动通信技术（Wi-Fi）环境，并具有网络安全防护措施。安装应急照明装置并保持良好状态，符合紧急疏散要求、标志明显、保持逃生通道畅通无阻。

　　2.校外实习实训基地基本要求

　　具有稳定的校外实习实训基地，能够提供开展网络运行与维护、网络应用开发、云计算技术应用、网络安全管理等实训活动，实训设施齐备，实训岗位、实训指导教师确定，实训管理及实施规章制度齐全。能提供网络工程师、云计算工程师、网络安全工程师等相关实习岗位，能涵盖当前计算机网络专业（产业）发展的主流业务（主流技术），可接纳一定规模的学生实习；能够配备相应数量的指导教师对学生实习进行指导和管理；有保证实习生日常工作、学习、生活的规章制度，有安全、保险保障。

3. 支持信息化教学方面的基本要求

本专业利用超星数字化教学资源库、读秀文献资料、常见问题解答等的超星慕课（MOOC）、知网（CNKI）、超星文库等信息化条件。引导鼓励教师开发并利用信息化教学资源、超星MOOC教学平台，创新教学方法，提升教学效果。

（二）信息资源

信息资源主要包括能够满足学生专业学习、教师专业教学研究和教学实施所需的教材、图书文献及数字教学资源等。

1. 教材选用基本要求

（1）优先选用优质的国家规划教材，教材内容应充分体现任务项目引领、职业能力导向课程的设计思想，结合计算机网络技术专业各岗位职业需求，创新内容，科学设计，方便学生课后线上学习。

（2）应将本专业职业活动分解成若干典型的任务项目，按完成任务项目的需要和任务项目要求组织教材内容。通过实务操作机制，引入必要的理论知识，增加实践操作内容，强化基本理论在实际操作中的应用能力。

（3）教材内容应体现先进性、通用性、实用性，使教材更贴近专业的发展和实际需要。

2. 图书文献配备基本要求

图书文献配备能满足人才培养、专业建设、教科研等工作的需要，方便师生查询、借阅。专业类图书文献主要包括计算机网络专业教学相关的图书资料，计算机网络行业企业相关的新闻报道，新技术、新标准、新产品以及技术发展前沿的图书资料与电子杂志等。学校引进了数据库和电子文献，建立万方数据库和读秀学术搜索数字资源三位一体的文献资源体系，方便广大师生查询。

3. 数字资源配备基本要求

计算机网络技术专业建设了教学资源库，涵盖专业人才培养方案全部专业基础课和专业核心课。教学资源库遵循"一体化设计、结构化课程、颗粒化资源"的建构逻辑，定位于"能学""辅教"，建成资源丰富、更新持续有效、应用广泛的教学资源库，服务复合型计算机网络技术技能人才培养。资源库带动计算机网络技术专业"教材、教法、教师"改革，推进1+X证书制度试点实践，探索基于课程或模块的资源标准认证体系。教学资源库还尽可能保证种类丰富、形式多样、使用便捷、动态更新，知识结构体系完整、知识点覆盖全面，能满足专业教学要求。同时，合理运用各种精品在线课程，支持学生线上线下自主学习，运用行业企业在线实训平台支持学生在线实训。

《职业教育信息化发展报告（2021版）》显示，74.54%的职教教师表示会经常使用电脑、投影仪、电子白板等多媒体设备教学。除了多媒体设备外，网络教学平台中的课程资源也受到教师青睐，有超过一半的教师会常态化应用网络教学平台的课程资源。

湖南信息职业技术学院计算机网络技术专业在教学过程中配备了先进的数字化教学体系，一方面是其本身作为计算机专业，对数字化设备的需求和应用程度会高于其他专业；另一方面也是在响应国家教育现代化与教育科技化的号召，用先进的教育资源提升教学效果，用这样的教学方式帮助院校向更大范围、更高层次、更深程度的方向持续健康发展，打造融合、协同、共享的新生态教学环境。

随着中国社会加速迈进数字时代，近年来教育部提出实施教育数字化战略行动，全面推动教育数字化转型与智能升级，教育数字化成为当前广为热议的话题。全国高等院校计算机基础教育研究会高职电子信息专业委员会为推动教育数字化转型，落实教育部"依托数字化重塑职业教育新生态"的文件精神，于2022年8月17日组织召开了"以数字化转型为契机，以新基建为支撑，重构高职教育教学新生态"线上学术研讨会，吸引了众多院校、企业人员参与，这代表着我国高职院校教学全面进入数字化时代，而湖南信息职业技术学院计算机网络专业正是该理念的践行者。

湖南信息职业技术学院计算机网络技术专业采用全面数字化教学的意义在于以下3点：

其一，重构教学空间，建设了标准化+智慧化+功能化的"三化"教室，使数字空间和物理空间更好地融合。教学空间的智慧化不是在装修、设备、家具层面的智慧化，而是通过传感器、大数据、人工智能技术实现智慧感知、情感计算、智能干预、数字孪生等数字层面和交互层面的智慧化。

其二，重构教学资源，一方面建设数字化课程、教材，虚拟仿真平台资源等，引进、共享教学资源；另一方面管理教学资源，应用知识图谱技术进行资源管理和知识关系管理的融合。

其三，在重构教学空间和重构教学资源的基础上，进行融合式教学改革与实践。实现线上线下融合；教法、空间与技术融合；学习、研究、实践融合；德、智、体、美、劳五育融合；通过建立知识管理、社交网络管理、质量评价管理、教学教务管理、教学支持服务的教学管理模式，以"三化"教室+学在吉大+腾讯会议的架构为底座，实现一套方案所有融合式教学场景的从容切换；开展开放交流时间等交流活动，建立师生之间链接，打造学习社交网络平台，拓宽人才培养的空间；探索数字化思维下的质量管理、教务管理和教学服务，打开传统的学院和课程的边界，使学生能够去学习任何一门课程，支持了学生自主学习、终身学习以及整个专业的交叉融合，更好地感知、触达师生。实现更高质量、更加智慧、更有温度的高职教学。

三、教学方法

（一）湖南信息职业技术学院计算机网络技术专业的教学策略

坚持立德树人的根本目标将课程思政融入课程教学中。在专业课程教学设计中，坚持以学生为主体、教师为主导、实践操作为主线的策略。充分调动学生的自主性和积极性。在实际教学实践中，根据各专业课程的特色和学生认识特点，灵活采用理实一体化教学、案例教学、项目教学相结合的方式进行教学，让学生在做中学、学中练，教学做合一。充分利用各种MOOC、小规模限制性在线课程（SPOC）、在线精品课程等资源，引导学生线上线下融合自主学习。夯实、提高、创新专业知识及动手能力。

实行分层教学法，兼顾学生的能力差异。将能力相近的学生同组进行项目，鼓励有能力的学生可以主动加深项目难度，提高实用性，向更高、更强的方向发展。要求其他学生完成相应级别的项目，达到符合自身能力的项目实践水平。计算机网络技术专业在实际教学过程中，可根据专业课程内容采用多种教学方法灵活运用，达到预期的教学效果。

1. 案例分析法

教师在进行每个模块的教学时，依据典型工作任务分析一个实际案例。例如在讲解路由协议（OSPF）时，教师会首先分析一个园区内2个子网互连的实例。其次向学生提出3个子网互连的具体任务，要求学生在案例学习的基础上实践并提高。通过案例分析法的运用，引出教学内容，帮助学生认识问题，促使学生提出问题，引导学生解决问题。

2. 启发引导法

教师在教学中，启发学生思考"为什么会这样？""还有没有其他解决方法？""换一种参数行不行？"等问题，引导学生在实践中培养分析、解决问题的能力，促进学生的延展学习，培养其主动学习的能力，为今后的可持续发展奠定基础。

3. 辩论式教学法

具体的工作任务往往都有多种解决方法。例如在园区子网互连时，可以采用静态路由，路由信息协议（RIP），OSPF等多种方法，到底是选择静态路由还是动态路由，使用RIP还是OSPF呢？教师将学生分为多方进行辩论，让学生在辩论的过程中加深对知识的理解和认识，学会对实际问题进行分析判断，增强其对技术的运用能力。

4. 角色扮演法

角色扮演可以帮助学生体验工作岗位。例如在网络基础知识模块教学时，由学生分组扮演网络公司售前技术人员，激励扮演企业负责人的教师和其他学生组建一个园区网络。售前工作人员必须向企业负责人介绍清楚什么是计算机网络，有什么功能等知识，巧妙地将知识学习和职业素质培养贯穿到学习过程中。

5. 信息检索与分析技能（ISAS）教学法

在每次课的结尾向学生布置思考题，要求学生以小组的方式，通过信息检索与分析，小组合作得出结论。在下次上课时，教师要求小组成员轮流陈述自己的结论，并将陈述表现计入平时成绩，锻炼学生的分析能力、学习能力和表达能力。

案例分析法、启发引导法、辩论式教学法、角色扮演法、ISAS教学法等都是湖南信息职业技术学院计算机网络技术专业常用的教学方法，这些走在教育前沿的教学方法也为其教学事业发展提供了巨大帮助，从多个角度共同培养学生的理论知识专业水平与实践应用能力，这也是其在教学方法方面做出的综合性尝试，引入所有能够帮助学生提升综合素质的教学法，最大限度地启迪学生的智慧，其目的不仅在于教会学生知识，更在于帮助学生掌握学习方法，将学到的知识用到实践中，可以说是现代职业教育中的典范。

（二）湖南信息职业技术学院计算机网络技术专业教学方法带来的启示

1. 关于教学方法与教学目标的关系

教学目标决定教学方法，教学方法为教学目标服务。教学目标有总体目标和具体目标之分，教师在顾及总体目标的同时还必须准确把握具体目标值，即课程具体章节和每一教学单元所要完成的具体目标值，以便对教学方法进行恰当选择。教学案例显示，不同阶段教学的具体目标值不同，教学方法的选择就不同，教学中必须选择一种适合的教学方法，达成教学目标。

2. 关于教学方法与课程性质、教学内容的关系

教学方法指向特定教学目标并为其服务，但受特定课程性质和内容制约，课程性质不同、教学内容特点不同，适宜选用的教学方法就不同。如课程有理论课和实践课之分，所选择的方法组合也不一样，如理论性教学较适宜以讲授法为主，辅以讨论法、演示法、实验法、练习法、参观法等其他方法的组合使用，而对于实践性教学，则较适宜以项目教学法、任务驱动法、案例教学法为主，辅以讨论互动法、示范辅导法、讲授法、多媒体辅助法、问题驱动教学法、模拟教学法等多种形式的教学方法。同时，要注意发挥多种方法的综合整体功能，以有利于学生对教学内容的最佳理解和掌握。

3. 关于教学方法与教学对象的关系

教学对象是教学方法选择时必须考虑的一个重要因素。但凡谈及教学对

象对教学方法选用的影响时，人们往往先关注学生的生理和心理特点、基础水平、学习态度等因素。这些因素影响着教师对教学方法的选用，但学生规模、学生参与教学程度等因素也影响着教学方法的选用，选择教学方法时，这方面因素不应被忽视。事实上，不同的学生规模和教学参与度适宜选用的教学方法也是不一样的。当学生为1人时，个性辅导式、问答式、程序教学法、项目工作法等方法比较适宜；当学生为2—10人且学生对教学的参与度较高时，辅导法、案例法、演示法、示范、模仿、动手实践、小组讨论、角色扮演、项目法等方法较适宜；当学生为11—30人时，讲授、演示、全班性讨论、小组讨论、问题式等方法则更适合；当学生为30人以上时，则只能主要采用讲授法，辅以问题式、全班讨论等方法。

4.关于教学方法与教师素质和能力的关系

在教学系统的诸多因素中，教师是最为关键的因素，教师素质和能力的高低，直接关系到其对教学方法的驾驭和使用。例如，动手能力强、擅长实验教学的教师，宜选择演示法、模拟法、项目法等实践性教学方法；口头表达能力好的教师，宜选择以讲授法为主、其他方法为辅的组合教学方法；而组织、沟通能力强的教师，宜选用讨论、讲座、讲授、辅导等互动式教学方法。教师在选择使用教学方法时，必须注意与自身的业务水平、综合能力、经验、个性以及习惯等方面相匹配，注意发挥自身优势，扬长避短，否则，再好的方法也难以发挥其应有的作用。

5.关于传统教学方法和现代教学方法的关系

在教学方法运用上，还需要注意传统方法和现代方法的融合。传统方法和现代方法各有优劣，两者既有对立面也有相互融合的部分，如启发式教学法就是创新了的具有现代方法特点的传统方法，而传统的讲授法、练习法、谈话法在现代教学中一直在沿用，相互继承和发展，对传统方法不应全盘否定，要客观认识传统教法，使其与现代教法有机融合，寻找两者之间的结合点，达到相互补充、优化组合、综合运用的目的。

参考文献

[1] 赵居礼, 赵绥生. 陕西省高职院校专业设置调查与研究 [M]. 西安: 西北大学出版社, 2013.

[2] 张菊. 高职教育专业设置的管理机制研究 [M]. 北京: 经济科学出版社, 2021.

[3] 韩志伟, 王文博. 高职教育专业设置、设计和建设 [M]. 北京: 兵器工业出版社, 2010.

[4] 傅正泰. 高职高专教育专业设置与管理问题的研究 [M]. 北京: 高等教育出版社, 2003.

[5] 丁文利. 高职教育专业动态调整机制构建 [M]. 北京: 中国纺织出版社, 2018.

[6] 云芳. 高职商务英语专业建设研究 从整到融 [M]. 北京: 中国商务出版社, 2018.

[7] 曾凡远. 高职建设类专业群建设路径与实证研究 [M]. 镇江: 江苏大学出版社, 2019.

[8] 梁建军. 高职院校专业建设研究与实践 [M]. 合肥: 中国科学技术大学出版社, 2012.

[9] 新疆加强高职专业设置管理 [J]. 学苑教育, 2019 (04): 6.

[10] 张彬莉. 全国民办高职专业设置现状分析 [J]. 现代职业教育, 2018 (07): 147.

[11] 卜树坡, 刘勇, 陈晓磊. 苏州高职专业设置对接产业需求现状与对策 [J]. 职教通讯, 2019 (16): 1-6.

[12] 郑振华. 首都高职专业设置状况分析与对策研究 [J]. 经济师, 2019, (12): 174-175.

[13] 沈晓敏, 李雪. 厦门市高职专业设置与产业发展的协同性研究 [J]. 创新创业理论研究与实践, 2022, 5 (12): 96-99.

[14] 周胜安. 数字化转型背景下高职专业设置与优化调整 [J]. 中国成人教育, 2022 (11): 50-54.

[15] 陶红, 江雪儿. 基于纳什均衡理论的湾区高职专业设置研究 [J]. 职业教育研究, 2021 (11): 23-29.

[16] 江雪儿. 粤港澳大湾区东岸高职专业设置与经济发展匹配研究 [J]. 职业教育 (下旬刊), 2021, 20 (20): 53-59.

[17] 周浩. 新型城镇化背景下湖南高职专业设置的研究 [J]. 品牌研究, 2018 (05): 224+226.

[18] 林少芸. 粤港澳大湾区建设背景下高职专业设置与产业协调发展研究 [J]. 无锡商业职业技术学院学报, 2022, 22 (04): 98-105.

[19] 来保卫. 高职专业设置改进建议——以陕西工业职业技术学院为例 [J]. 中国管理信息化, 2017, 20 (20): 250-251.

[20] 赵鹏程, 李长春. 成渝地区双城经济圈高职专业设置与区域产业结构适应性探析 [J]. 职业教育研究, 2023 (01): 24-30.

[21] 朱强, 卢晓春, 高月勤. 高职专业设置与布局的三重判读 [J]. 职业技术教育, 2018, 39 (08): 41-44.

[22] 陈燕. 高职专业设置与区域产业结构适应性研究——以拉萨市为例 [J]. 课程教育研究, 2019 (20): 238.

[23] 阙勇平. 基于学校视角的广西高职专业设置影响因素探析 [J]. 当代旅游, 2019 (04): 253-254+262.

[24] 冯涛. 大数据时代下高职专业设置评估体系的研究 [J]. 辽宁经济职业技术学院. 辽宁经济管理干部学院学报, 2019 (02): 84-86.

[25] 张连莹. 基于创新创业导向的高职专业设置及课程体系研究 [J]. 中小企业管理与科技 (中旬刊), 2017 (01): 119-120.

[26] 施南奇, 张德文. 新发展理念下高职专业设置与地区产业发展契合度研究——以无锡10所高职院校为例 [J]. 职业技术教育, 2021, 42 (23): 34-38.

［27］张娟. 高职专业设置与区域产业对接研究——以南通市为例［J］. 智库时代, 2018（46）: 287–288.

［28］任国亮, 郁邦永. 产业转型升级视角下土建类高职专业设置及动态调整机制研究［J］. 产业与科技论坛, 2018, 17（08）: 159–160.

［29］沈陆娟. 高职专业设置与产业结构耦合策略研究［J］. 中国职业技术教育, 2018（26）: 72–80.

［30］石岚, 杨聪. 高职专业设置服务区域产业发展研究［J］. 合作经济与科技, 2018（09）: 91–93.

［31］孟仁振, 张耀军, 霍利婷. 三螺旋理论视域下高职专业设置与区域制造业发展适应性研究——以上海市为例［J］. 中国职业技术教育, 2022（07）: 47–52+75.

［32］贾圆圆, 沈亚强. 高职专业设置研究: 成果与反思——基于74篇论文的分析［J］. 河南科技学院学报, 2017, 37（10）: 13–17.

［33］周家瑜, 李燕梅. 高职专业设置现状分析——以云南省沿边州市高校高职专业设置为例［J］. 大学教育, 2016（05）: 41–42+45.

后　记

　　不知不觉间，本书的撰写工作已经接近尾声，颇有不舍之情。本书是针对高职人才培养进行长期研究后的一部投入大量精力与数据调研得到的作品，但是想到本书的出版能够为我国教育事业建设提供一定的帮助，为这个波澜壮阔的大时代下我国职业教育的优化改良工作贡献自己的力量，又颇感欣慰。同时，本书在创作过程中得到社会各界的广泛支持，在此表示深深地感激与感谢！

　　本书在撰写与研究的过程中，一是通过科学的收集方法，确定了该论题的基本概况，通过广泛阅读确定了当前我国高职院校的实际教育情况，明确了其中的优势与不足之处，并根据我国具体国情和高职院校情况设计出研究的框架，从整体上确定了论题的走向，随之展开层层论述；二是对高职专业设置的论述有理有据，在收集大量资料的情况下先提出问题，再根据资料内容和自身理解对问题进行多角度解读，进而给出符合国际社会形式和我国发展情况的合理化建议；三是深度解析高职专业设置中的各种问题并分析问题成因与解决方案，通过各章节鞭辟入里的分析，试图构建关于专业设置优化的系统研究体系，将高职的全面优化等问题熔铸一炉、妥善着手解决。作者的目的是通过理论与案例分析，找到最具使用价值的高职专业发展之路，使其步入健康、良性的发展轨道，从而全面提升我国的教学水平和人才培养能力。

　　由于高职专业的建设不能一蹴而就，需要建设工作者不断探索与实践。因此，由衷地期待全社会共同努力，推动高职以及整个教育事业发展不断深化、完善。

　　感谢创作过程中给予帮助的多位老师，因为有了他们的不懈努力与精益求精的专业精神以及对于笔者的鼓励，才使得这个《基于产业升级的高职专业设置优化与人才培养》成书，呈现在读者面前。但文章中难免存在不足之处，希望得到各位同行及专家的批评指正。